青少年足球发展分析与科学训练研究

姜 鹏◎著

中国纺织出版社

内容提要

本书重点以青少年足球运动为核心，对其各方面的发展及科学训练进行分析与研究。在发展分析方面以理论为主，主要内容涉及青少年足球运动员的身心发展与训练现状、校园足球联赛的发展及策略、青少年足球可持续发展战略、青少年足球运动员的选拔与培养体系、青少年足球教学与训练体系；在科学训练研究方面以实践为主，主要内容包括青少年足球体能、心理与智能的训练、青少年足球运动员技术训练、青少年足球运动员战术训练。本书逻辑清晰，结构合理，内容丰富新颖，语言清晰流畅，可读性强，是一本值得学习研究的著作。

图书在版编目(CIP)数据

青少年足球发展分析与科学训练研究 / 姜鹏著. --北京：中国纺织出版社，2016.12

ISBN 978-7-5180-3207-5

Ⅰ.①青… Ⅱ.①姜… Ⅲ.①青少年—足球运动—运动训练—研究 Ⅳ.①G843.2

中国版本图书馆 CIP 数据核字(2017)第 007830 号

责任编辑：汤　浩　　　　责任印制：储志伟

中国纺织出版社出版发行

地址：北京市朝阳区百子湾东里 A407 号楼　邮政编码：100124

销售电话：010—67004422　传真：010—87155801

http://www.c-textilep.com

E-mail:faxing@e-textilep.com

中国纺织出版社天猫旗舰店

官方微博 http://www.weibo.com/2119887771

永清县晔盛亚胶印有限公司　各地新华书店经销

2017 年 3 月第 1 版第 1 次印刷

开本：710×1000　1/16　印张：16.5

字数：214 千字　定价：58.00 元

前　言

当前，我国青少年足球运动的发展受“唯成绩论”、急功近利等思想的影响较深，在培养青少年足球后备人才时没有以青少年的身心发展规律及特征为依据，且与运动训练的规律也背道而驰，这些问题的存在对我国青少年足球的发展与整体水平的提高造成了严重的制约。我国为了壮大足球队伍，促进足球事业的发展及良好成绩的取得，长期以来对国家队和全国职业联赛一线队的建设比较重视，而对青少年足球运动员的培养与训练重视不够，从而使得我国球员的训练起点普遍很低。此外，在青少年足球训练实践中，训练理念较为传统，滞后的训练理念大量存在；训练内容与方法比较单一；技战术之外的体能、心理等素质的训练没有得到重视，这些问题使得多年来我国青少年足球运动在训练层面上难以获得实质性的提高。

我国足球运动的发展和足球事业的繁荣要从青少年抓起，因此要将青少年足球运动发展及训练工作重视起来，全面解决青少年足球发展及训练中存在的问题与缺陷，重点从开展校园足球联赛、构建足球教学与训练体系、科学选拔与培养后备人才、促进青少年校园足球可持续发展、加强对运动员各方面素质的综合训练等几方面着手进行。为了保障青少年足球运动的科学发展，促进训练水平的提高，特撰写《青少年足球发展分析与科学训练研究》一书。

本书共有八章，第一章为青少年足球运动员的身心发展与训练现状分析，本章重点在于分析青少年足球运动员的身体及心理发展特征，并对青少年足球运动员的训练现状进行调查与研究。第二章是我国校园足球联赛的发展及其策略研究，具体从校园足球联赛发展的现状、制约因素及策略三方面展开。第三章是青少年足球的可持续发展战略探讨，首先对可持续发展战略进行简要阐述，在此基础上重点研究我国青少年校园足球可持续发展的战略制定及战略措施。第四章是青少年足球运动员的选拔与培养的体系研究，本章在分析我国青少年足球运动员选拔与培养现状的基础上重点研究了青少年足球运动员选拔与培养体系的构建。第五章是青少年足球教学与训练体系的建设研究，在详细研究青少年足球教学体系及训练体系的建设后，对青少年足球教学与训练的评价体系进行了分析。第六章是青少年足球体能、心理与智能的科学训练研究，加强这三个方面的训练有利于全面提高青少年足球运动员的竞技能力及比赛水平。第七章与第八章分别为青少年足球运动员技术训练及战术训练研究，这两章都是在阐述基本理论的基础上对训练实践展开研究，在技术训练的研究中，分有球技术训练和无球技术训练两部分进行；在战术训练的研究中，分进攻战术训练与防守战术训练两方面进行。

总体而言，本书紧扣主题、逻辑结构清晰、内容丰富完整、理论研究深入多元、实践研究科学实用，是理论与实践相结合进行研究的学术著作。青少年足球发展涉及运动员培养、联赛开展、可持续发展等多方面，本书对这些方面的内容一一进行了详细分析与理论研究，以推动青少年足球运动在各方面的多元发展。在青少年足球科学训练的实践研究中，除了涉及技战术这两项重要内容外，还对体能、心理及智能因素的训练进行了深入研究，以全面促进青少年足球运动员各方面素质的综合发展。

本书在撰写过程中，借鉴和引用了大量有关青少年足球发展及训练的研究成果和资料，在此向有关专家和学者致以诚恳的谢意。由于时间、水平与精力有限，本书难免存在一些不足之处，恳请广大读者批评指正。

作　者

2016 年 8 月

目　录

第一章　青少年足球运动员的身心发展与训练现状分析

青少年足球运动员是我国足球事业发展的后备人才，因此，加强对青少年足球后备人才的训练与培养是推动我国足球运动发展的重要途径之一。培养与训练青少年足球人才，首先要对其身心发展的基本情况有一个全面的了解，这样才能对症下药，有针对性地开展训练与培养工作。本章重点对青少年足球运动员的身体与心理发展特征进行详细分析与阐述，然后通过调查当前我国青少年足球运动员的训练情况来探讨青少年足球训练现状。

第一节　青少年足球运动员的身体发展特征

一、青少年足球运动员身高与体重的发展特征

青少年足球运动员身体的生长发育过程能够通过其足球训练过程体现出来。作为对青少年足球运动员进行训练的主导者，教练员必须对自己的训练对象的基本发展情况进行清晰的了解与认识，这样才能对合理的训练计划进行制订，对科学的训练负荷进行安排，也才能与青少年的生长发育规律相符。具体来说，足球教练员需要了解的基本身体情况包括两个方面：一方面，对每个青少年足球运动员的优势及不同运动员的个体差异进行了解；另一方面，从整体上重点把握青少年足球运动员的身心发展的特点与共性。

人的成长过程一般可分为六个阶段(表 1-1),这是以人类行为学的研究为依据进行划分的。

表 1-1 人的成长阶段

六个时期	年龄划分
胎儿期	从受孕到出生
婴儿期	0—2 岁
幼儿期	3—6 岁
儿童期	7—11 岁
青春期	12—19 岁
成年期(包括成年早期、中年期和老年期)	>20 岁

人的生长发育过程如图 1-1 所示,其由英国解剖学专家理查德(Richard)绘制。

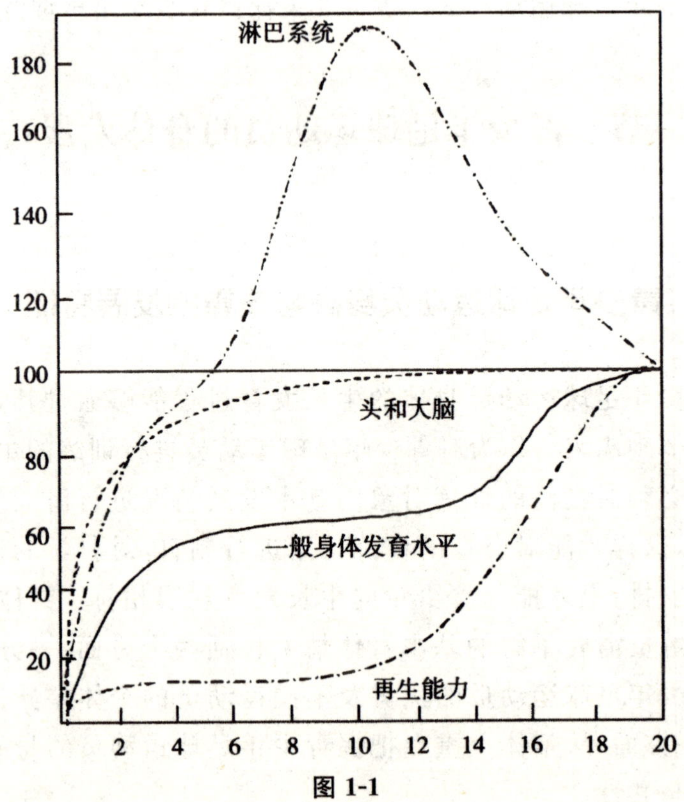

图 1-1

由上图可知，整体来看，人体生长发育呈 S 形曲线，青少年足球运动员的体重、骨骼、消化系统以及心肺功能等身体发展的变化都能够从这幅图中综合反映出来。在青少年的成长过程中，其大脑和神经系统的发展主要是在 7 岁以前，儿童在 5—6 岁时其神经系统的发育就已经与成年人相接近，12—13 岁阶段，其神经系统的发展速度开始逐渐降低。

种族不同，人们的生长发育也会有差异，这主要是因为受到遗传因素的影响。许多学者经过研究后一致得出这样一个结论，即如果营养条件、身体健康条件相似，那么儿童在 5 岁之前会按照相同的模式生长发育。可见，小于 5 岁的儿童在生长发育的过程中，遗传因素对其的影响较小。遗传因素影响人的成长主要反映在大于 5 岁的儿童身上，而且遗传对生长发育的影响程度会随着年龄的增加而增强。

有关学者在调查与分析我国青少年的体重和身高发展情况后了解到，我国大多数青少年的身高和体重的发展速度在 2015 年前较为缓慢，但从 2015 年开始，速度逐渐加快。据调查发现，2015 年，我国城市 17 岁女子、男子的身高分别达到 160.88 厘米、172.8 厘米，体重分别达到 53.44 千克、62.12 千克。

通常来说，在 10 岁以前，男生和女生的身高、体重都在以相似的速度增长，但在 10 岁以后，男女身高体重的生长速度有了差异，而且快速增长出现的时间也不相同。女生身高、体重的快速增长出现在 10 岁以后，男生则出现在 13 岁左右。但到了 14 岁时，男女的平均身高相比而言，前者要占优势。女子的身高在一定阶段后就会停止继续增长，特别是在生理期后，其身高一般最高可增长 5 厘米，而男子身高的增长会持续较长的时间，即使在 20 岁之后，也会不断增长(图 1-2、图 1-3)。

青少年的生长曲线、身高与体重的发展特征及规律都是足球教练在对青少年足球运动员进行训练与培养时需要重点参考的依据，以此为依据开展具体的训练工作，不仅有利于促进青少年足球运动员的健康生长与发育，而且也比较容易取得良好的训练效果。

(%)
25
20
15
5
0
减速增长
增长的最高期
女子
男子
加速增长
减速增长
结束增长
开始快速增长期
(岁)
1 2 3 4 5 6 7 8 9 10 11 12 13 14 15 16 17 18 19

图 1-2

(%)
14
13
12
11
10
9
8
7
6
5
4
3
2
1
女子
男子
(岁)
1 2 3 4 5 6 7 8 9 10 11 12 13 14 15 16 17 18

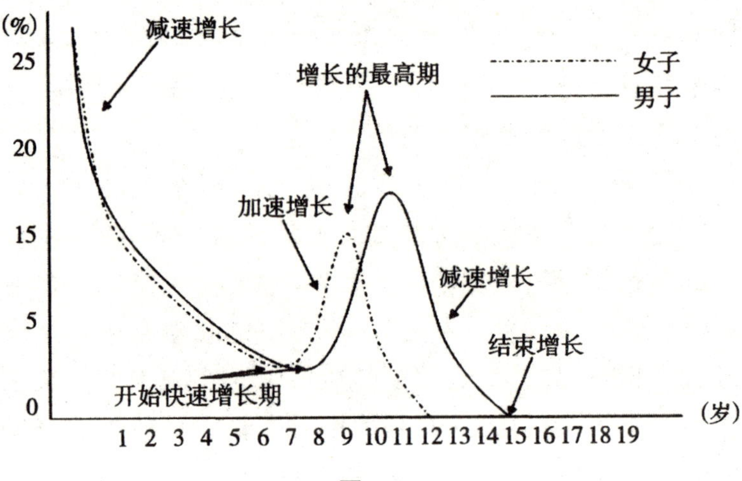

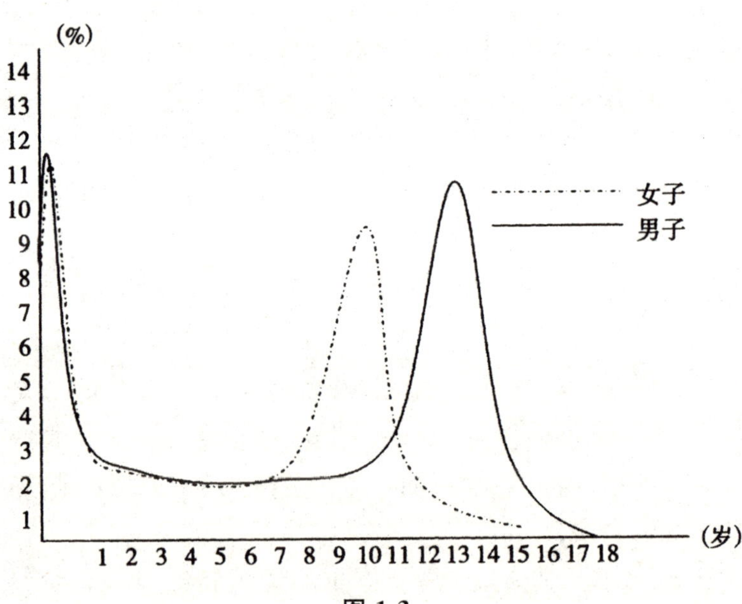

图 1-3

二、青少年足球运动员生理系统的发展特征

（一）呼吸系统

1. 发展特征

足球运动员在青少年时期一般以较快的频率呼吸，随着年龄的不断增长，其呼吸深度、肺活量也会随之相应地增加。青少年摄氧量的增长是有规律的，不同时期增长的速度不同，一般增长最为明显的阶段是在 10—11 岁、13—14 岁期间，增长速度明显减慢是在 16—17 岁期间。青少年的最大摄氧量与成年人相比相对较低，负氧债能力同样如此。虽然青少年的肺通气量远远低于成年人，但是如果按照每千克体重的相对值来计算的话，肺通气量就比较大。在足球运动训练中，青少年为了促进通气量的增加，会采取加快呼吸频率的途径。

2. 训练注意事项

通过分析青少年呼吸系统的发展特征，在青少年足球运动员的训练过程中需要对以下两方面的要点加以注意。

（1）对有氧代谢能力的发展，青少年要给予高度的重视，在训练过程中，不可过长时间地进行持续训练，也要尽量避免大强度的训练。随着年龄的不断增长和呼吸肌的逐渐壮大，对无氧代谢能力的发展也要重视起来。

（2）青少年在足球训练中，要注意动作与呼吸的配合，教练员要对此加以科学的指导，不断提醒青少年足球运动员要用鼻子呼吸，避免其养成用嘴呼吸的习惯。

(二)神经系统

1. 发展特征

(1)青少年的各个生理系统不可能同时以相同的速度发展,总会有先后和快慢之差。而在其生理系统中,神经系统不仅是最早发育的,而且也是最快发展的。例如,青少年在初步形成条件反射能力之后,稳固性较差,而到 6 岁左右时稳固性良好,这时,其动作技能的形成能力也会因此而增强。但是,青少年总体的神经活动过程缺乏稳定性,其抑制过程占据重要地位,且在皮质以较快的速度扩散,这样青少年在进行足球训练的过程中,就很容易表现出一些多余动作。

青少年足球运动员在儿童时期建立条件反射的速度比较快,但条件反射同样会以较快的速度消除与恢复。青少年的皮质抑制过程与其年龄成正比,年龄越小,皮质抑制过程的强度就越小,完善度也就越低,而且分化能力也会因此而受到影响。儿童皮质细胞的分化能力与成人相接近的时期是在 8 岁以后。13—14 岁,青少年建立了良好的皮质抑制调节机制,综合分析能力逐步提高,青少年可以以较快的速度建立各种条件反射,但即使如此,神经系统的发展依然会受到一些因素的影响,如分化能力尚未完善,小肌肉群的发育较弱等。因此,面对一些复杂且精细的足球技术,青少年要在短期内掌握实属不易。到了 14—16 岁,青少年的分化能力较之前会有很大程度的增强,而且在之后会不断提高。

(2)青少年足球运动员在儿童时期,第一信号系统的活动占优势,第二信号系统的发育不完善,直观形象思维能力较强,善于模仿,而抽象思维能力较差。对示范等直观形象教学容易接受;9—16 岁时第二信号系统机能进一步发展,联想、推理、抽象、概括的思维活动逐渐提高;16—18 岁第二信号系统已发展到一定水平，两个信号系统的相互关系已经比较完善。[1]

(3)对于青少年而言，其大脑皮质神经细胞的工作能力并不强，所以疲劳现象很容易产生，但青少年的神经过程具有较高的灵活性。神经细胞的物质代谢较为旺盛，一般在短时间内就会产生合成作用，因此疲劳很快就会被消除。在进行足球运动训练时，青少年的各种中枢和各器官的机能都会得到不同程度的调动。

2. 训练注意事项

通过分析青少年神经系统的发展特征，在青少年足球运动员的训练过程中需要对以下两方面的要点加以注意。

(1)在对足球训练课的内容进行安排时，要尽量选择多样化、生动性强的内容，特别是要通过游戏的方法来进行训练，从而促进训练过程趣味性的增加，使枯燥乏味的单一训练得到避免。青少年要注意合理地对自己的休闲时间进行安排，确保情绪的饱满和精力的旺盛，这样才能全身心地投入到足球训练的过程中，才不至于在短时间内产生疲劳感。

(2)在青少年足球教学中，足球教师要注重对直观教学法的采用，具体如示范、图表、模型等教学手段。足球教师在对足球教学内容进行语言讲解时，注意考虑青少年的理解能力，避免采用过于专业且艰深晦涩的语言，通俗生动的语言比较容易被青少年理解。针对教学中的重点内容，教师可以用口诀的方式来对其进行陈述与讲解，这样便于学生对重点内容的熟记与掌握。直观教学方法的运用对于年纪较小的学生产生十分重要的影响，而且教学效果通常也比较好。随着青少年足球运动员年龄的不断增长，其抽象思维能力也会有所提高，这时就可以采用一些专业术语来进行相关内容的讲解，使其对足球教学训练内容的理解与掌握不断深入，并更加理性地参与到足球运动的学习与训练中。

---

[1] 刘丹，赵刚．青少年足球训练纲要与教法指导[M]．北京：人民体育出版社，2011.

(三)循环系统

1. 发展特征

(1)与成年人相比而言,青少年的血量与体重之比稍高。青少年时期是足球运动员身体生长发育的重要阶段,为了能够健康地成长,青少年需要对多种丰富营养素加以补充,对维生素、蛋白质、铁和其他矿物质等的补充尤为重要。在足球运动训练过程中,糖类、铁质和蛋白质对于青少年运动员而言都是需要特别补充的营养,而且在训练前半个月就要开始加强补充,合理补充这些营养素对于运动性贫血的预防很有效。

(2)和成年人相比而言,青少年的心脏容积较小,心脏重量较轻,但是相对值要大于成年人。随着年龄的增长,青少年的心脏容积会不断扩大,到青春期阶段几乎与成人的心脏容积无异。同样,心脏重量也会随年龄的增加而加重,到青春期几乎等同于成人的心脏重量。如果青少年的身高以较快的速度增长,且身体发育良好,那么其在青春发育期之后心脏发育的速度要快于身体发育缓慢的同龄人。但不管是身体发育良好的青少年,还是发育较慢且发育不完善的青少年,他们在血管发育方面没有明显的差异,速度都比较慢,血压升高现象时有发生。一般来说,青春期阶段,高血压始发于 11—12 岁,之后随年龄增长逐渐增高,并于 15—16 岁出现高峰,17 岁之后血压增长速度逐渐减慢。

2. 训练注意事项

通过分析青少年循环系统的发展特征,在青少年足球运动员的训练过程中需要对以下两方面的要点加以注意。

(1)教练员必须清楚地认识到,对于青少年而言,他们只能承担有限的运动量,因此在对其进行足球训练的过程中,必须科学安排与青少年身体条件与运动基础相符的运动量和训练负荷,避免使其参与大运动量和强负荷的训练,否则会引发心肌过劳现象。

(2)对青少年足球运动员的训练与培养要严格对因材施教与循序渐进的原则加以遵循。

三、青少年足球运动员身体素质的发展特征

青少年足球运动员的身体发展具有阶段性特征，具体通过周期阶段性特征与年龄阶段性特征两方面体现出来。之所以存在阶段性的发展特征，主要是受青少年自身发展规律与运动训练两个方面因素的影响。

在青少年身体素质的自然发展过程中，会出现自然增长和稳定发展两个阶段。青少年随着年龄的增加，身体素质不断提高的阶段就是自然增长阶段。在自然增长阶段，青少年身体素质的发展会表现出两种现象，一是快速提高；二是缓慢提高。青少年身体素质能力提高缓慢或者完全停止提高的阶段就是体能发展的稳定阶段。

通常，在青少年女生身体素质的自然发展过程中，会有两个波峰先后出现，即 11—14 岁、19—25 岁两个阶段。在第一个波峰出现之后，女生身体素质的发展会变得缓慢甚至会下降，直到 18 岁之后才出现回升。男子身体素质的发展只有一个波峰，即 19—20 岁，之后身体素质缓慢发展，甚至会逐渐下降，且在 23 岁之后更加明显。

哈特曼(著名训练学专家)用 15 年的时间对德国 2 000 多名赛艇运动员进行了跟踪研究，研究结果发现，如果以 18 岁时的能力水平作为基准线的话，44 位世界冠军运动能力的提高速度随着年龄的增长而下降。在 22 岁左右能力达到最高水平，22 岁之后运动能力在 0.3％～0.5％之间呈波浪式发展。[1]

上述规律在青少年足球运动员的身体素质发展中同样能够

---

[1] 刘丹，赵刚．青少年足球训练纲要与教法指导[M]．北京：人民体育出版社，2011.

得到体现。青少年各项身体素质的发展达到最高水平或者近似最高水平就是在 22 岁左右。因此,在青少年时期,足球运动员特别要重视加强身体素质的训练,教练员要科学制订体能训练计划,有效指导运动员的身体素质训练,促进其体质的不断加强和足球竞技能力的不断提高。

青少年足球运动员身体素质发展的顺序特征如图 1-4 所示。

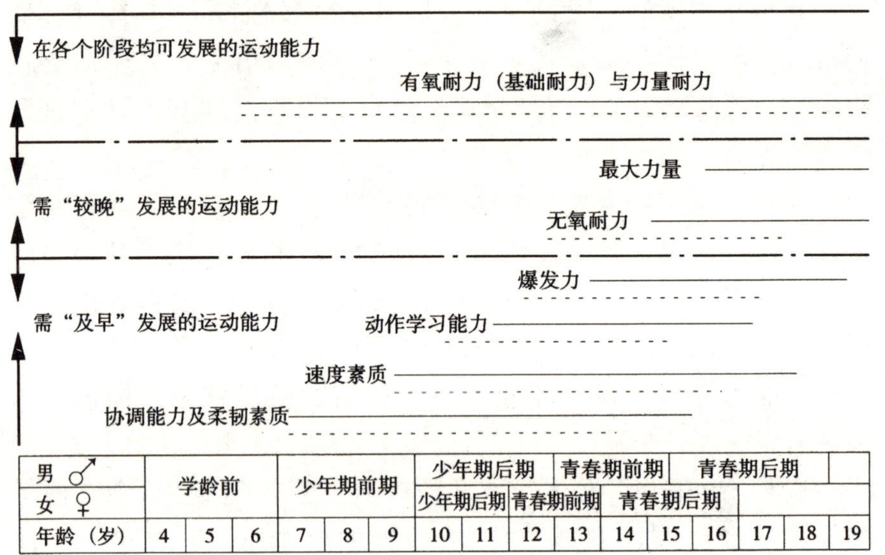

男 ♂	学龄前			少年期前期			少年期后期			青春期前期		青春期后期				
女 ♀							少年期后期		青春期前期		青春期后期					
年龄(岁)	4	5	6	7	8	9	10	11	12	13	14	15	16	17	18	19

图 1-4

下面重点对青少年足球运动员的力量素质、速度素质、灵敏素质以及耐力素质进行分析与研究。

(一)力量素质

对青少年足球运动员力量素质的测试,主要选用两个指标,即绝对力量和最大力量。青少年女子足球运动员力量素质的发展与成熟年龄中度有着非常密切的关系,男子足球运动员力量素质的发展与其性成熟年龄关系密切。无论是对青少年男子足球运动员的力量素质进行测试,还是对女子足球运动员的力量素质进行测试,一般都会采用测试握力这一方法,对这一测试方法的运用,有利于对青少年足球运动员的力量素质情况加以了解。通过力量测试发现，青少年的力量素质发展特征与规律如图 1-5 所示。

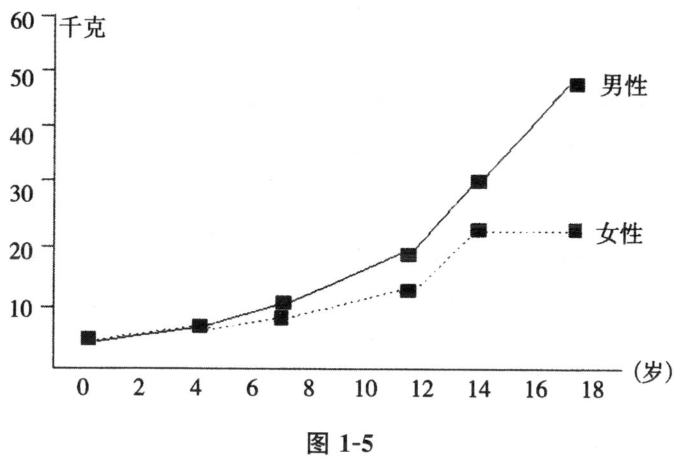

图 1-5

从图 1-5 可以发现，青少年足球运动员的力量素质在儿童时期就在以较快的速度发展。在青春期会有一个迅速增长的转折点。一般情况下，女子的力量小于男子，在 7 岁之前，女子力量是男子的 9/10，在 18 岁时，女子力量是男子的 6/10。

在速度力量性运动项目中，影响运动成绩的关键因素在于爆发力。在最短时间内以最快加速度克服一定阻力的能力就是所谓的爆发力。对运动员的爆发力进行衡量时，可采用立定跳远这一测试方法。通过调查研究发现，男子立定跳远的成绩在 5—12 岁阶段要高于女子。12 岁以后，男子爆发力仍在以较快的速度发展，而女子爆发力的发展却呈下降趋势。

青少年男女足球运动员上下肢力量的发展有一定的不同，对其上下肢力量素质进行测试主要采用投掷实心球的测试方法。通过调查与试验后发现，青少年女子足球运动员在这一测试中的成绩远不如男子，在对 12 岁组和 17 岁组的男女运动员分别进行投掷实心球的测试之后，得出这样一个结果，12 岁组女子测试成绩相当于男子的 6/10，17 岁组女子测试成绩相当于男子的 3/10。这一数据表明，青少年男女足球运动员的力量发展不均衡，存在明显的差异，因此教练员要有针对性地对其进行训练，不可“一刀切”。

（二）速度素质

快速完成动作的能力就是所谓的速度素质，其具体可以分为位移速度、动作速度以及反应速度三种类型。

青少年足球运动员的速度素质会直接影响其在比赛中的成绩，但是这一关键要素并没有引起教练员与运动员的注意，因此教练员很少或几乎不安排足球一般速度素质与专项速度素质的训练。我国足球职业俱乐部在组织运动员进行训练的过程中，也存在这一问题。在原本计划的足球训练计划中有速度素质的内容，但是具体的训练中并不按计划训练，而是用耐力训练替代速度训练的内容，导致这一现象产生的原因有以下几个方面。

首先，运动员自觉训练的意识不强。

其次，运动员没有对正确的训练手段加以掌握。

再次，训练时间有限。

最后，足球俱乐部管理体制不完善。

研究表明，与篮球、网球等其他球类运动员的速度素质相比，足球运动员更好一些，但相比于短跑运动员还是有一定差距的。4 秒内跑 30 米，在 1.65 秒以内跑完前 10 米是对优秀足球运动员的基本要求。

速度素质与耐力素质之间具有密切的联系，因此，在对青少年足球运动员的速度素质进行训练时，要与耐力素质的训练结合起来。但是，很多运动员与教练员都没有意识到这一点，只是选择二者之一来进行训练。因此有些青少年足球运动员即使具有良好的耐力素质，在速度上却不如别人，而有些即使速度较快，但耐力却很差。只有速度快，耐力好，青少年足球运动员在比赛中获取优异成绩的可能性才会大大增加。

对于速度的类型与形成过程的研究，国外一些训练学专家提出了新的观点。这些专家认为，与一般的速度相比。足球运动员的速度素质更加复杂。青少年足球运动员的速度素质应该从两方面加以体现。一是反应速度，对球进行处理的速度，奔跑、急停与冲刺的速度；二是对赛场信息进行处理并作出判断与决策的速度（图 1-6）。

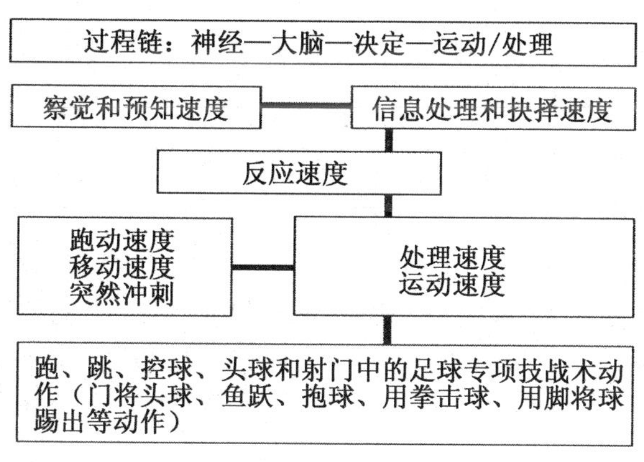

图 1-6

同时拥有速度素质和耐力素质，对于青少年足球运动员来说相对较难，这是从生物力学和生理学的视角进行分析的结果。事实上，如果一名足球运动员拥有良好的速度素质，那么对其进行耐力训练就比较容易，但相反，对耐力素质好的运动员进行速度素质训练就比较难了。从这一点来看，在对青少年为足球后备人才进行选拔时，要将速度素质当作一项重要的选拔指标，至于耐力素质，则可以通过之后的训练来改善。

（三）灵敏素质

灵敏素质指的是对运动方向进行灵活变化的能力，在对运动方向进行变化时，要将身体平衡控制好，确保力量的适度、速度。青少年足球运动员灵敏素质的改善可通过提高足球技术能力，掌控节奏，提高移动速度等方法来实现。

人们普遍认为，灵敏素质是固定不变的，这种是错误的认识。灵敏素质可以不断提高和改善，具体可通过专项训练来获取良好的灵敏素质。青少年足球运动员如果能够有意识地锻炼自己的灵敏素质，那么就有利于促进肌肉工作效率的提高，而且对运动损伤的预防也十分有利。

经过训练后获得的灵敏素质一般可以长时间地保持，并且不需要经常通过训练来巩固。这是速度、力量、耐力素质都不具备的特点与优势。协调、平衡、随机灵敏以及程序化灵敏都属于灵敏素质的范畴，这几个要素中又都包含了速度、力量、时机和节奏等。可以说，速度、力量、耐力等多项素质的相互作用能够在灵敏素质中综合体现出来。

1. 协调能力

运动员面对外界压力，通过一定的技巧完成动作的能力就是所谓的协调能力。拥有良好协调能力的运动员往往可以按照动作的时序将动作合理完成，这符合运动生物力学原理。先分解练习后完整练习是对运动员协调能力进行训练的主要方法。

据研究，青少年足球运动员协调性运动觉的形成发生在6—12岁阶段，也就是小学时期。在这一时间段内，青少年足球运动员的综合反映能力、平衡能力主要受到其协调性运动觉发展的决定性影响。

2. 平衡能力

在足球运动训练中，青少年运动员必须拥有一定的平衡能力，这是参与足球运动时需要具备的基本能力之一。平衡素质的获得比其他素质要容易一些。很多足球运动员不注重训练自己的平衡能力，认为这是浪费时间的表现，其实平衡能力的训练本就不需要花费太多的时间，只要在训练开始阶段用5分钟的时间训练即可。在训练的开始部分，运动员的精神较为饱满，注意力也容易集中，而且神经肌肉系统的敏感性也很强，所以在这时进行平衡能力的训练能够取得事半功倍的效果。一般来说，青少年足球运动员平衡能力的训练每周只需保持2～3次的频率。

3. 随机性灵敏素质

在足球训练之前，青少年运动员对训练模式与运动需要不太熟悉，在这样的情况下其反映出来的灵敏性就是随机性灵敏。教练员对足球运动员的这一素质进行训练时，是在听觉和视觉上给予其刺激，并对运动员在各种刺激下的反应进行观察。随机性是这一素质最为显著的特征，因此在训练过程中要尽量将这一特点凸显出来。

4．程序性灵敏素质

在运动员已经练习过某些技巧，或在知道压力并且已经了解将要做的练习的基本模式与练习的基本顺序、结构的情况下所表现出来的灵敏素质即为程序性灵敏素质。[1] 在青少年足球运动员这一素质的训练中，运动员并不具有自主随意性。在训练中，一旦运动员对训练技巧有了一定程度的掌握，并且对这种训练已完全适应，这时就要对训练强度与次数进行相应的增加，同时加强灵活性、爆发力以及身体控制力的综合训练。

(四)耐力素质

1．无氧耐力的发展

机体在无氧代谢的情况下长时间进行肌肉活动的能力就是所谓的无氧耐力，也称“无氧能力”。运动员在参与较大强度的运动时，糖无氧酵解供能是体内能量的主要来源。肌纤维类型、肌肉内糖无氧酵解供能的能力、脑细胞对血液 pH 值变化的耐受力、缓冲乳酸的能力、年龄与性别等共同决定了无氧耐力发展的程度。

(1)肌纤维类型

一个人的无氧耐力与其肌纤维类型有关，一般快肌纤维百分比组成占有优势的人有较强的无氧能力。

---

[1] 刘丹，赵刚．青少年足球训练纲要与教法指导[M]．北京：人民体育出版社，2011.

(2)肌肉内糖无氧酵解供能的能力

肌糖原的含量及其无氧酵解酶的活性会在一定程度上决定肌肉内糖无氧酵解供能的能力。研究发现,不同的青少年足球运动员,其腿肌中慢肌纤维百分比、乳酸脱氢酶活性有所不同。

(3)脑细胞对血液 pH 值变化的耐受力

虽然进入血液的乳酸通过血液中的缓冲物质能够得到中和,强度会有所减弱,然而因为有大量的乳酸进入血液,血液的 pH 值的发展也会倾向于酸性,而且由于氧供应不足而出现的代谢产物堆积都会对脑细胞的工作能力造成不利的影响,使运动疲劳出现的时间较早。所以,脑细胞对这些因素的耐受能力也是对无氧耐力造成影响的一个重要因素。青少年足球运动员如果经常参与无氧耐力训练,就会提高脑细胞对血液中代谢产物堆积的耐受力。

(4)缓冲乳酸的能力

乳酸在肌肉无氧酵解过程中产生后进入血液,将会影响血液的 pH 值。然而因为受到缓冲系统缓冲作用的影响,血液的 pH 值的变化不至于太大,人体内环境的相对稳定性还是能够维持的。碳酸氢钠的含量及碳酸酐酶的活性一定程度上会决定机体缓冲乳酸的能力。研究表明,无氧耐力训练可以促进血液中碳酸酐酶活性的提高。

(5)年龄与性别

年龄与性别对无氧供能能力会有很重要的影响。由图 1-7 中可知,年龄、性别不同,最大无氧供能也会有所差异。通常,青少年女子足球运动员在 8—14 岁阶段的无氧供能能力只有 2/10 的增加值,而男子则有 5/10 的增加值,青少年男女足球运动员无氧供能能力的差距最为显著的时期在 11—12 岁。此外,青少年足球运动员无氧供能能力的发展进入平台期的时间也有性别差异,一般男子在 17 岁,女子在 15 岁。

青少年足球运动员在足球比赛中要发挥反复跳跃能力和间歇性反复冲刺跑的能力，就需要无氧供能能力提供一定的保障作用。而青少年足球运动员的专项体能特征主要也是通过反复跳跃能力和间歇性反复冲刺跑的能力体现出来的。一般来说，青少年足球运动员在少年儿童时期就能够获得这两方面的能力，这主要就是受无氧供能系统自然生长的影响。运动员获得专项体能素质之后如果忽视了耐力训练，就难以促进这些能力的巩固与提高。

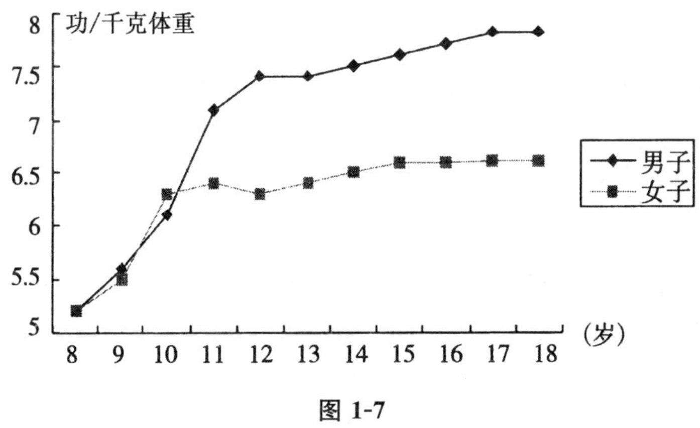

图 1-7

2. 有氧耐力的发展

人体在长时间内进行以有氧代谢(脂肪和糖等有氧氧化)供能为主的运动能力就是所谓的有氧耐力，有时也会用有氧能力来代替有氧耐力。

最大摄氧量与有氧耐力密切相关。人体在从事有大量肌肉群参加的长时间剧烈的运动中，当心肺功能和肌肉利用氧的能力与本人极限水平持平时，单位时间内(每分钟)所能摄取的氧量就是所谓的最大摄氧量，即 VO_{2max}。[1] 机体对氧的吸入、运输与利用能力能够通过 VO_{2max} 反映出来，对人体有氧工作能力进行评定时，通常会以此作为一个重要指标。决定最大摄氧量的关键因素

[1] 封飞虎，凌波．运动生理学[M]．武汉：华中科技大学出版社，2014.

有先天遗传、性别和年龄、训练等，下面仅对前两个影响因素进行分析。

(1)遗传

通过研究双生子最大摄氧量发现，遗传因素会在很大程度上影响最大摄氧量。克索拉斯对25对双生子进行了研究，发现最大摄氧量的遗传度高达93.4%。Bouchard等发现，最大摄氧量25%～50%的变化取决于遗传，这表明，在对最大摄氧量造成影响的众多因素中，遗传的影响比例占据1/4～1/2。有些青少年足球运动员虽然没有进行耐力训练，但是其最大摄氧量很大，这个问题就可以通过遗传来解释。所以，最大摄氧量会受到遗传和环境因素的共同影响。足球运动员的最大摄氧量会因为遗传因素的影响而被限定在一定范围内来回变动，然而耐力训练对提高最大摄氧量范围的上限具有推动作用。

(2)年龄、性别

在儿童时期，最大摄氧量的变化与年龄成正比，年龄增长，最大摄氧量增加。在青春发育期，最大摄氧量的变化因为性别的不同而表现出一定的差异，通常，男子最大摄氧量达到峰值是在18—20岁，而且直到30岁左右仍然能保持这个峰值；女子最大摄氧量出现峰值是在14—16岁，通常直到25岁左右仍然可以保持这个峰值。之后，最大摄氧量的变化与年龄成反比，年龄越大，最大摄氧量越小。如果能够坚持训练，就会控制峰值之后最大摄氧量的减小幅度。

青少年男女足球运动员最大摄氧量达到峰值与最大摄氧量的绝对值达到最高水平是有区别的。通过维尔斯马和阿姆斯特朗的研究能够发现，青少年女子足球运动员在12岁左右时其最大摄氧量的绝对值达到最高水平，然后开始逐步下降。而青少年男子足球运动员一般在15岁时最大摄氧量的绝对值达到最高水平，且在20岁前相对较为稳定。图1-8显示了青少年足球运动员最大摄氧量的变化规律。

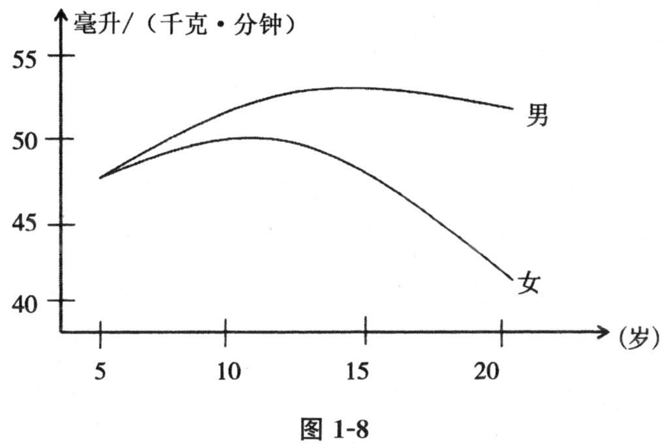

图 1-8

第二节　青少年足球运动员的心理发展特征

一、青少年足球运动员不同时期的心理发展特征

（一）儿童时期的心理发展特征

足球运动员在儿童时期接受小学教育，经过一个阶段的学习后，其在读、写、算等方面就有了一定的能力，因此在对事情进行思考时会表现出一定的逻辑性，而且对自己所处的社会环境也有了初步了解，同时成就感也会越来越强。因此，足球运动员在这一时期不同心理因素的发展就会表现出如下两方面的特征。

1. 认知发展

(1)感知觉的发展

在学龄阶段，儿童思维的发展以感知觉的发展为基础，具体发展特征分析如下。

①感觉的发展

儿童对小学课程知识进行学习后，其在语言表达、视觉、听觉以及对音调的辨别等方面的能力与成年人不断接近。

②知觉的发展

在进入小学后，儿童不仅要学习各科知识，还要积极参与课外活动，这两方面的活动会促进儿童时间知觉与空间知觉（如距离、方位、形状和大小等）的发展。

(2)注意的发展

儿童时期，注意的发展主要呈现出以下几个特征。

第一，注意持续时间不断增加。注意是否稳定，主要通过注意持续时间的长短来体现。年龄、经验等会影响儿童注意持续时间的长短。通常，儿童在7岁时注意力集中时间可维持10～15分钟，10—12岁时，达到30～45分钟。

第二，儿童同一时间内将同时关注两种（或两种以上）对象或活动的能力不断提高，即注意分配能力在日益增强。

第三，儿童可由注意一个对象有目的地转到对另一个对象的注意上，即注意转移能力在增强。

第四，儿童在同一时间内知觉到的对象越来越多，即注意范围在不断扩大。

(3)记忆的发展

在学龄阶段，记忆发展能够有效促进儿童认知的发展。这一时期，儿童的抽象记忆、理解记忆以及有意记忆都会随着年龄的不断增长和知识经验的不断丰富而有所发展，只是不同类型的记忆能力发展的程度各有差异。

2. 学习行为

对儿童学习行为特征的分析主要从态度和动机两个方面进行。

(1)学习态度

所谓态度，是指个体对某一对象所持的评价和行为倾向，是由认知、情感和意向三个因素构成的比较持久稳定的个体内在结构，也是调节外部刺激与个体反映之间的中介因素。[1]

儿童的学习态度特征主要通过以下两方面体现出来。

①儿童对教师的态度

儿童在刚进入学校后，既敬佩自己的老师，又感到有点害怕，所以，对教师提出的要求儿童会毫不犹豫地听从。因此说，教师对学生的态度是这一时期对学生学习态度造成影响的关键因素。随着儿童年龄的增加，他们不再随意听从教师对其提出的要求，每个学生对不同教师都有自己的喜好，而认真专心、和蔼可亲、公平公正、爱护学生和能够活跃课堂教学气氛的教师是最受学生欢迎和喜爱的。由此可以看出，师生之间的关系会影响对儿童学习态度的培养，儿童尊敬并信任教师，就容易端正自己的学习态度。

②儿童对球队的态度

在学龄阶段，儿童初步建立了同伴群体意识，这一时期如果积极培养儿童的集体观念、集体意识能够产生良好的效果。儿童参加球队集体活动，能够对自己有一个客观的认识，同时也有利于对正确价值观的树立，有利于心理安全感的获得，而且社会交往能力也会逐步提高。然而，要使学生获得这些素质，提高相应的能力，就需要对平等的团队环境进行营造。因此，优化团队环境是教师或教练需要重视的一个问题。

(2)学习动机

激发并维持学生的学习活动达到学习目标的动力就是所谓的学习动机。家庭和教育两个因素会不同程度地影响儿童学习动机的形成。学习动机的系统是多层次且较为复杂的。学习兴趣这一因素在学习动机中最为活跃。兴趣是一种力求探索某种事物，并带有强烈情绪色彩的心理倾向。儿童对新知识的探究、儿童新能力的发展都离不开兴趣的推动作用。

综上所述，教师在足球运动教学与训练过程中，需要对以下

---

[1] 刘丹，赵刚．青少年足球训练纲要与教法指导[M]．北京：人民体育出版社，2011.

两个要点加以注意。

首先,教师要将儿童认知发展的特点重视起来。在足球运动的教学与训练过程中,教师对讲解教学与直观示范之间的关系要格外注意。一方面要对一些专业术语进行选择性的采用与讲述;另一方面要对一些直观的形式进行多样化的采用与示范。示范练习之所以要多样化,是为了与儿童注意力发展的特点相适应,同时也是为了培养儿童良好的学习动机。

其次,教师要对儿童学习动机的特点加以准确地把握。教师要想得到学生的尊敬,就要为学生树立良好的榜样形象。同时,教练员在开展训练的过程中,要注意对良好训练氛围的营造,对待学生要一视同仁,不可只重视对足球天赋好、基础好的学生的训练,而忽视对其他学生的培养。

(二)青春期的心理发展特征

1. 认知发展

处于青春期的青少年在认知能力的发展方面进步很大,这主要得益于青少年在学校学习的课程内容逐渐广泛,知识储备不断增多以及其社会交往能力的不断提高。青少年的认知发展主要通过观察、思维和记忆三个方面得以体现。

(1)观察的发展

学龄时期,儿童观察能力的发展特点是无意识、浅显、模糊,与儿童相比,青少年的观察能力有明显的进步。青春期阶段,青少年观察能力的发展特征主要是有意识、有目的、主动、时间长、概括性、精确性。

(2)思维的发展

学龄阶段儿童的思维主要是以经验型的逻辑思维为主,儿童需要感性经验的直接支持才能形成一定的逻辑思维。与儿童的思维相比较,青少年的思维是理论性的逻辑思维,且具有抽象性特征。青少年逻辑思维的形成离不开理论的指导。

(3)记忆的发展

青春期阶段,青少年记忆的发展特征表现如下。

第一,青少年识记的主要方法是意义识记。

第二,在青少年的记忆中处于支配地位的是有意记忆,这时青少年的有意记忆处于最佳阶段。

2. 社会性发展

(1)自我意识发展

自我体验、自我控制以及自我评价共同构成青少年自我意识发展的三个方面。

①自我体验

自卑感、自尊感以及成人感是处于青春期阶段的青少年的自我体验发展的三个表现。具体如下所述。

自卑感。自卑感的自我体验主要表现在对自己持一种轻视、怀疑、否定的态度,青少年容易产生自卑感的情况是与同伴进行比较,当他们发现自己不如同伴优秀时,自卑感油然而生。

自尊感。自尊感反映的是社会评价与个人自尊需要之间的相互关系。青少年处于青春期时,有了强烈的自尊心,已经学会尊重自己,并且希望他人、集体与社会也尊重他们。

成人感。处于青春期的青少年觉得自己已经是成人了,他们渴望独立,渴望有自己的空间与判断,而且他们也希望家长或教师不再把他们当小孩看待,而是与他们成为朋友。

②自我控制

自我控制的方式由外部控制逐步向内部控制转变,从而能够对自己的心理变化有所主动地掌握。这是青少年自我控制的发展的主要表现。青少年在自我控制的方式由外部控制逐步向内部控制转变的过程中,他们已经可以以社会期望、条件、标准、要求的必要性和可能性为根据,来进行现实自我的判断与理想自我的确定,并能够将现实自我和理想自我的差距逐步缩小。

③自我评价

青春期阶段青少年的自我评价水平与儿童时期相比有所提高，主要表现在以下几点。

第一，青少年自我评价的行为更加主动、积极和独立。

第二，青少年学会运用多种方式进行自我评价，而且他们开始重视对同伴的评价。

第三，青少年开始对自己进行多角度的评价。青春期阶段时期，不仅只注重对自己的仪表风度的评价，还注重对自己的性格、素质和品德的评价。

(2)社会性交往的发展

青少年社会性交往的发展主要表现在如下三方面。

①青少年与家长的交往

青少年在青春期的自我意识不断增强，他们需要自由与独立，需要有自己的空间。因此，他们既想独立自主，又不能将对父母的依赖完全摆脱。

②青少年与同学的交往

青少年与同学交往时，表现出自觉主动、独立自主、积极乐观的态度。然而，青少年自身的个性因素和集体因素会对其与同学的交往造成影响。团结和谐的集体因素对青少年与同学的交往具有一定的积极作用。

③青少年与教师的交往

青春期的青少年不太愿意被教师过分管束，他们会对教师提出的一些硬性的管理规定表现出反抗的情绪或做出反抗的行为。

综上所述，在足球教学与训练过程中，教师或教练员要对以下两个要点加以注意。

第一，教师要将青少年认知发展的特点重视起来。青少年已经形成了抽象思维的能力，有意记忆也在青少年的记忆中占据支配地位。所以，在足球的教学与训练过程中，教师在讲解中可以对大量的足球专业术语进行使用，但要注意充分结合直观示范教学法。

第二，教师要对青少年心理发展的特点加以准确把握。青春期是青少年的心理转折期，因此，在对青少年进行足球教学与训练时，教师要注意多与学生进行沟通与交流，并尊重他们的自主意识，学生提出合理要求后，教师要尽可能地满足，积极引导并帮助其解决训练与学习中的问题，激励他们为取得良好的成绩而奋斗，通过组织一些活动来提高学生的参与意识及成就感，同时使青少年在活动中增强自尊心与自信心。

二、青少年足球运动员的心理问题

(一)孤独心理

青少年在成长的过程中，时常感到无法与同龄人真心交往，很难发现与自己有相同兴趣和共同语言的同伴，并时常感觉他人不了解自己，因此就会产生不同程度的孤独心理。孤独是心理封闭的主要表现。下列方法能够有效帮助青少年矫正孤独心理。

1. 对他人予以宽容

青少年在对自己的朋友提出要求时，不要过分苛刻，应学会以宽容之心对待朋友。这样，青少年会发现可以和身边的许多人成为知心朋友，与朋友的交流会帮助其走出封闭状态。

2. 真心待人

在青少年的社会化过程中，与他人的交往是不可避免的，只有自己真心对待他人，才可以使别人也真心对待自己。

3. 积极感染别人

青少年要学会运用自己积极的情绪感染别人，用自己的热情给予别人一种前进的动力，从而营造出良好的交友氛围，促进其人际关系的发展。

（二）自卑心理

通常情况下，青少年足球运动员产生自卑心理的根本原因在于运动成绩不理想。此外，教练员或队友对自己的过低评价也会引起青少年的自卑心理，下列方法对矫正自卑心理具有重要的意义。

1. 分析原因，对症下药

青少年要对造成自己运动成绩不理想的原因进行具体分析，对症下药。例如，青少年如果因为自己的能力有限而导致成绩落后，可以另辟蹊径；如果因为自己不够努力或没有采用正确的方法而导致失败，可以加倍努力，对方法进行改进；如果因为制定的训练或比赛目标与实际情况不符而导致成绩不理想，可以选择制定新的符合实际的目标。总之，青少年在面对一些无法改变的现实时，要欣然接受，同时自觉进行自我反思，改正自己的缺点。

2. 做能力所及的事

如果青少年经常做一些力所能及、成功性较大的事，他们就不会时常感到自卑了。成功能够帮助青少年拥有成就感，增强自信，摆脱自卑心理。

3. 认识自己的优点

每个人都是既有优点又有缺点的，青少年不能只看到自己某一方面竞技能力的不足就否定自己的全部能力。所以，青少年足球运动员在看到自己劣势的同时也要善于积极发现自己的优点，从而增加自信。

4. 与他人进行合理比较

如果青少年足球运动员拿别人的优点与自己的缺点相比，那么就会感到自卑。所以,青少年应该改变比较角度,应该与环境和心理条件相近的人进行比较,这样,他们才能够对自己的实际水平和自己在群体中的位置有清醒的认识。

(三)嫉妒心理

作为一种复杂的心理,嫉妒包括羞愧、愤怒、怨恨等多种情绪。嫉妒心理多产生于与他人比较的过程中。当青少年发现自己的外貌、智力、物质条件等不如他人时,嫉妒心理油然而生。发泄性是青少年嫉妒心理的显著特征。青少年如果不对自己的嫉妒情绪加以阻止,任由其发展,就会逐渐变得没有理智,开始对别人实施攻击。妒忌心理的矫正方法具体如下。

1. 对嫉妒心理的危害加以了解

青少年必须明白,嫉妒心理属于不健康心理,对人对己都不利。只有对嫉妒的危害性有所认识,才会有意识地矫正它。

2. 客观认识自我

青少年必须认清这样一个事实,在复杂的社会生活中,由于主客观条件的千差万别,人与人之间也会或多或少存在差异。因此,青少年对自己与别人之间的差异要冷静看待,善于客观评价自己,在对自己与他人进行对比的过程中,发现自己的不足,不断促进自我的完善。

3. 善于与他人沟通

如果青少年长期缺乏与他人的情感沟通,就容易将自己封闭起来,郁郁寡欢,产生狭隘心理,久而久之发展成为嫉妒心理。因此,青少年要注意多与他人交流,走出自己的封闭圈,开拓更广阔的生活空间。

4. 切忌心胸狭隘

青少年心胸是否宽广,主要受其文化素质、性格品质、道德水平、思想修养以及社会经历等因素的影响。青少年要学着淡化自我、摒弃自私的想法、开阔自己的心胸、努力克服狭隘的自私心理，这样才能避免徒增烦恼。

第三节　青少年足球运动员的训练现状

一、青少年足球运动员训练动机现状

人们的行为一般都是在动机的内在驱动下实行的，有了动机，才会有行为。青少年足球运动员参与足球训练的主要内在驱动力就是其训练动机。内外部因素都有可能影响到其参与训练活动的动机。训练动机从性质而言有正误之分。如果训练动机正确，那么就能够对青少年足球运动员的训练热情进行有效激发，促进其训练效果的提高。相反，如果训练动机有误，就会对运动员参与足球训练的热情造成抑制，使足球训练质量降低，足球训练效果也会受到影响。所以，要想促进青少年足球运动员训练水平的提高，首先应将其训练动机明确下来，对正确的训练动机进行弘扬，对错误的训练动机加以纠正，使训练动机对训练效果的积极影响最大限度地发挥出来。

关于参与足球运动训练，不同青少年足球运动员的认识各有差异。根据调查发现（表 1-2），大多数青少年参加训练是为了促进自身足球技能的提高，提高竞技能力；同时，也有部分青少年参与足球训练是为了增强体质，提高身体素质；此外，少数青少年将娱乐看得更为重要。这说明，青少年足球运动员对足球运动健身、竞技价值的认识程度较高，但还未充分认识到足球运动的娱乐价值。

表 1-2　青少年足球运动员参与足球训练的动机情况(N=440)[1]

训练动机	青少年人数	比例(%)
提高竞技能力	240	53.3
强身健体	161	35.7
娱乐	49	11.0

二、青少年足球运动员训练时间和频次现状

青少年足球事业的发展能否成功,主要决定因素之一就是足球训练。我们可以用很多具体指标来对足球训练现状的优劣进行衡量,训练时间和训练频次就是其中的两个重要指标。可以说,足球训练强度可以通过训练时间、训练频次体现出来。而训练强度又是提高足球训练质量的关键因素。所以,按照这个逻辑来看,调查与研究青少年足球训练时间和训练频次现状,有利于客观地评价青少年足球运动员训练现状。

实际上,不同性质的学校,足球运动员的训练时间和频次会有所不同,且不同年龄段的学生参与足球训练的时间与频次也有差异。一般来说,现阶段我国青少年足球运动员的训练体制有三集中制、半读半训制和走训制三种形式。具体来看,足球学校或部分业余体校足球班主要采用三集中制形式,足球传统中学和部分业余体校的联合办学中主要采用半读半训制形式,其他足球后备人才培养学校采取走训制形式。正因如此,在青少年足球运动员训练时间和频次方面,各学校存在着明显的差异。

通过调查不同学校开展的足球训练活动后发现,在被调查的学校中,足球运动员训练次数在 1～2 次的占 33.3%,一半的学校每周安排 3～4 次的训练次数。除此之外,每周安排 4 次以上训

[1] 邱鹏卓. 延边州青少年足球训练的现状调查与分析[D]. 吉林体育学院,2014.

练次数的学校也有2所，少数学校每周也有安排7次训练次数的。这些数据表明，不同学校为青少年足球运动员安排的训练频次存在差异。

除了调查训练频次外，还需要通过对训练时间的调查与分析来对当前我国青少年足球运动员的训练现状进行更加全面且系统的研究。通过调查发现，在被调查的12所学校中，有3所学校足球运动员每周训练时间为2～4小时。7所学校每周的足球训练时间为6～8小时，占被调查总数的一半以上。此外，每周足球训练时间超过8小时的学校有2所。这些数据同样表明，在关于青少年足球运动员训练时间的安排中，不同学生各有差异，具体见表1-3和表1-4。

表1-3　青少年足球运动员每周训练次数现状(N=12)❶

频次	数量(所)	比例(%)
1～2次	4	33.3
3～4次	6	50.0
4次以上	2	16.7

表1-4　青少年足球运动员每周训练时间现状(N=12)❷

时间(小时)	数量(所)	比例(%)
2～4	3	25.0
6～8	7	58.3
>8	2	16.7

从上述调查结果可知，总体来说，我国青少年足球运动员的训练时间与频次还是较少，没有得到充分的保障，这主要是由于大部分学校将文化课教学看得较重，对足球训练的重视程度相对

❶ 邱鹏卓．延边州青少年足球训练的现状调查与分析[D]．吉林体育学院，2014.

❷ 同上

较低。可见，要改变训练频次与时间现状，首要的任务就是转变这种错误的观念，重视足球运动在学校的开展。

三、青少年足球运动员训练内容现状

足球运动员掌握足球知识，学习足球技能的关键时期就在于青少年时期，因此对这一时期的足球训练计划进行合理的制订与规划非常有必要。因此，教练员在对青少年足球运动员进行训练的过程中，要对训练计划进行合理的安排，并根据不同的运动员对不同的训练内容进行布置，这对于加强对青少年足球后备人才的培养十分有利。足球训练内容具体是在足球训练过程中采用的主要训练因子。以足球运动的特征为依据，可将足球运动训练的内容分为三个部分，即体能训练、技能训练、战术训练。青少年足球运动员的训练以这三方面的内容为主。体能训练之所以重要，主要是因为良好的身体素质是保障运动员参与足球训练与比赛的基本前提。运动员技能水平的高低会对比赛的结果产生决定性的影响。战术训练是对足球队伍缺陷进行弥补的主要途径，对于促进运动队整体竞技水平的提高尤为有利。

通过对我国部分学校青少年足球运动员的训练内容进行调查后发现(表 1-5)，总体而言，我国青少年足球运动员训练内容的安排上较为全面、系统，同时包含了体能训练、基本技能训练及战术训练，这表明整体足球训练态势比较良好，而且也从侧面反映出足球教练员的职业素养也比较高。但对调查数据经过仔细分析后发现，我国一些学校在对青少年足球运动员的训练内容进行安排时，还是存在一些问题的。例如，重视训练学生基本足球技能的学校占总调查学校数量的一半，但只有 2 所学校注重运动员的体能训练；对战术技能训练予以重视的学校占 33.3%，即 4 所。

表 1-5 青少年足球运动员的训练内容现状(N=12)❶

训练内容	数量(所)	比例(%)
体能训练	2	16.7
技能训练	6	50.0
战术训练	4	33.3

调查结果表明,大部分学校还是将足球技能的训练看得更重,而对于体能训练与战术训练则没有予以更多的关注。单纯对基本技能训练予以重视,而将体能与战术训练忽视的做法对于青少年足球运动员竞技水平的提高显然是不利的,而且也与足球训练的基本原则背道而驰。这一问题之所以普遍存在,主要是因为大部分学校和教练员对足球队竞技水平及比赛成绩的追求过于急功近利。此外,足球教练员训练水平较低,未对体能训练与战术训练有充分的认识也是导致这一现象出现的主要原因。所以,教练员要根据这一现状来对训练内容进行合理的调整,确保青少年足球运动员各方面能力的全面提高。

四、青少年足球运动员训练方法现状

青少年足球运动员的训练活动是否能够顺利进行,运动员通过训练后竞技水平能否提高,主要看训练方法是否正确。正确的训练方法和手段对于青少年足球运动员竞技水平的提高、足球训练任务的顺利完成以及整个运动队水平的提高都产生积极的影响,因此教练员在对训练方法进行选用时要谨慎实施。

足球运动中有多种多样的训练方法,而且训练方法不同,发挥的作用与效果也有一定的差异,只有采用多种训练方法,使不同的方法优劣互补,才能取得良好的训练效果。但是,通过调查我国部分学校的足球教练员后发现,在我国青少年足球运动员训

❶ 邱鹏卓.延边州青少年足球训练的现状调查与分析[D].吉林体育学院,2014.

练过程中，很多教练员都只采用了较为单一的训练方法，并没有针对不同运动员采取不同的训练方法。从表1-6中的调查数据中发现，在被调查的足球教练员中，采用循环训练法和重复训练法的教练员分别占29.2%、33.3%，对于广大青少年足球运动员都比较适用的分解训练法却仅仅有1名教练员采用，20.8%的教练员采用过间歇训练法，持续训练法与间歇训练法的适用性相似，却没有间歇训练法的使用率高，有12.5%的教练员采用过持续训练法。

表1-6　青少年足球训练方法使用情况(N=24)❶

训练方法	教练员	比例(%)
重复训练法	8	33.3
循环训练法	7	29.2
间歇训练法	5	20.8
持续训练法	3	12.5
分解训练法	1	4.2

调查结果表明，当前在我国青少年足球运动员的训练过程中，所选用的训练方法存在不合理现象，循环训练法、重复训练法及间歇训练法等传统训练方法的使用仍然占主导，分解训练法对不同个体运动员的训练都比较适宜，却没有得到充分的运用。传统训练方法的大量使用虽然在一定程度上有利于运动员对足球技能的掌握，但是，青少年足球运动员利用这些方法很难将复杂的技术动作简单化，因此面对繁重的训练任务就会产生巨大的压力。教练员之所以无法综合运用多种训练方法，主要还是受自身因素的限制。一些足球教练员理论知识掌握得不充分，对于自身的经验过于依赖，没有与运动员的实际训练情况相结合，因此自然也就无法合理采用训练方法了。

❶　邱鹏卓．延边州青少年足球训练的现状调查与分析[D]．吉林体育学院，2014.

第二章　我国校园足球联赛的发展及其策略研究

我国校园足球联赛的发展是足球运动在我国校园中得到普及的重要表现，同时也对校园足球运动的进一步发展有着非常重要的影响。本章主要就我国校园足球联赛的发展及其策略进行研究，其内容主要包括我国校园足球联赛的发展现状、影响因素及发展策略等。

第一节　我国校园足球联赛的发展现状

在我国校园足球发展过程中，校园足球联赛的举办和发展产生了非常重要的影响。通过对我国当前校园足球联赛的发展现状有一个清晰的认识，才能为我国校园足球联赛健康、可持续发展出谋划策。本节主要通过对校园足球联赛、我国校园足球联赛发展现状及存在问题进行分析，来对我国校园足球联赛的发展现状进行全方位剖析。

一、校园足球联赛分析

为了更好地促使我国足球运动总体运动水平的快速提高，加强学生的身心素质，2009年国家体育总局联合教育部共同制定和颁发了《关于开展全国青少年校园足球活动的通知》（以下简称《通知》），针对我国大中小城市的各级各类学校做了更为严密的布局，鼓励这些学校对校园足球运动的开展能够积极支持、参与，并全面贯彻实施。同时，要逐步建立从小学到大学的各级各类足球比赛制度，并使之不断完善，对青少年学生广泛宣传和普及足球运动相关知识和基本技能，创建健康文明的校园足球文化，科学培养青少年足球后备人才，促进后备人才足球素养得到全面发展，并突出个性培养与发展。根据《通知》的具体要求，制定出有针对性的"实施方案"，来确定校园足球活动开展过程中所涉及的诸多问题，如指导思想的确立、校园足球联赛的具体目标和具体任务；组建组织机构；制定出具体的工作方针，明确学校招收学生的具体资格和要求；并制定经费管理等相关政策。同年，"草根足球发展计划"由国际足联在世界范围内首次提出，其内容包含了将足球运动向广大中小学生进行普及与推广的相关工作。

2009 年 5 月，经过认真研究，国家体育总局决定每年从体育彩票公益基金中提取 4 000 万元来解决校园足球活动开展经费短缺的问题。这是一项非常重要的举措。这些资金的投入为校园足球运动的发展及活动的顺利开展提供了重要的物质保障，有着非常广泛的用途，如补充足球运动所需要的器材及开展比赛所需要的硬件设施、修建足球运动场地、对相关人员进行专业培训、缴纳保证金、组织与实施训练营与足球文化节，宣传与推广足球运动等，以上这些专项开支都对校园足球联赛的顺利开展起着良好的作用。

2009 年 10 月 14 日，全国青少年校园足球联赛开幕式在山东青岛体育场举行，这标志着青少年校园足球活动规划在全国正式开始实施。

此外，《通知》中也对校园足球联赛作了定义，是指首批确立的校园足球活动试点学校或学校内容组织的联赛活动。其根据阶段可划分为四个等级，即小学联赛、初中联赛、高中联赛和大学联赛；根据参与范围可划分为五个层次，即校级联赛、市级联赛、省级联赛、大区联赛和全国联赛。校园足球联赛包含联赛冠名、联赛资金、联赛媒体、联赛训练等内容，具体组成如图 2-1 所示。

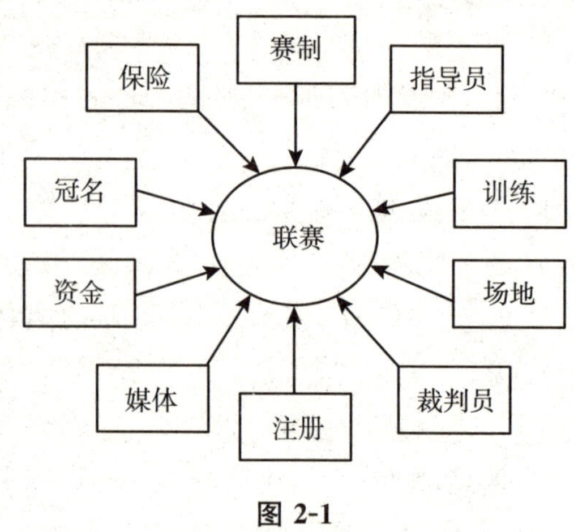

图 2-1

二、现阶段我国校园足球联赛的发展现状

对于我国现阶段校园足球联赛的发展现状，下面主要从校园足球联赛的参赛学校情况及足球管理工作情况两个方面来进行分析。

（一）校园足球联赛参赛学校的情况

1. 参赛学校数量情况

根据相关调查可知，在我国大部分的校园足球试点学校都是按照有关规程规定并结合本校的具体实际来进行校园足球联赛组织与开展的，并制定了相应的联赛规程，从而更好地促进了校园足球活动的全面开展。据研究表明，同地区不同区域的学校都会参加本地区所组织的校园足球联赛，但是不同地区在参加学校的数量方面并不相等，并且有着很大的数量差，这也从侧面体现出校园足球联赛在我国的发展不平衡。

2. 参赛人员的组成

据调查，校园足球联赛的教练员主要由足球专业教师、足球教练员(兼职)以及非足球专业的体育教师来担任。其中,足球专业教师所占比例非常小,非足球专业的体育教师所占比例很大。这也说明,在我国校园足球联赛中,专业足球教师与教练员相对较为缺乏,整体水平不高,这在以后的发展过程中也应予以高度重视。

3. 参赛场地情况

合格的比赛场地是举办校园足球联赛的最基本条件,只有这一基本条件得到满足,那么校园足球联赛也才能得到进一步落实。在举办校园足球联赛的过程中,还要考虑场地的安全性问题,资金是否充足对体育场地的安全程度起着至关重要的决定作用,而场地的安全性会对运动员、观众和工作人员的安全产生影响。校园足球联赛所用的足球场地大多是人工场地,也有水泥场地和土场地,但拥有天然足球场地的学校所占比例甚小。因此,有限的场地条件和存在的安全隐患给运动员、工作人员以及观众的安全带来了很多不确定因素,这也对我国校园足球联赛的开展及未来发展造成不利影响。

4. 参赛场次情况

全国青少年校园足球联赛规程对不同级别的足球联赛的参赛学校的数量与比赛场数都作了明确的规定,以小学联赛这一等级为例,规定我国四个直辖市(北京、天津、上海、重庆)中每年最少要有 60 所学校参加足球联赛,每支足球队每年至少要参加的联赛场数为 18 场;其他城市每年参加足球联赛的学校至少为 30 所,每支足球队每年也至少要参加 18 场足球比赛。

主客场循环赛是我国校园足球联赛开展过程中采用的主要比赛形式。这一比赛形式的特点主要有:一般而言,每一循环都有 5 场比赛,因为比赛中各支足球队很少有机会相遇,因此对足球队伍间的相互学习与提高是不利的;比赛场次多;比赛时间长;在比赛的最后几轮中,有些足球队伍可能会因为没有取胜的希望而消极参赛;对名次的排定主要是以全部比赛得分为依据得出各队成绩进行的,如此排定名次的方法有利于使足球队因偶然失误而被淘汰这一现象的发生得到避免。分析主客场循环制这一比赛形式的特点可知,在我国校园足球联赛的开展中,最后几轮比赛发生消极比赛现象的可能性很大,这会不利于校园足球联赛的公平与顺利开展。

(二)校园足球联赛组织管理工作

1. 竞赛制度

赛制是竞赛制度的简称,它是指对参加竞赛活动的队伍所获的名次进行确定的方法和体系。校园足球联赛常用的比赛制度主要有淘汰制、循环制和混合制三种。在开展校园足球联赛的过程中,要对选择什么样的足球竞赛制度予以充分考虑,主要考虑因素有比赛的目的、比赛时间、比赛的主要任务、比赛具体要求、比赛场地、参赛队伍的数量及运动水平等。只有事先对这些因素进行充分考虑,才能科学地选择比赛制度。根据相关调查可知,在一些城市的校园足球比赛开展过程中,主要采用交叉淘汰制和主客场双循环制两种竞赛制度。

2. 组织管理机构

无论举办何种类型的足球比赛,组织与管理工作是必不可少的,需要做到位。组织管理工作做的好坏会对校园足球联赛的开展及发展产生直接影响。基于此,国家体育总局联合教育部共同组建了全国青少年校园足球工作小组,通过体育相关部门与教育有关部门的相互密切协作,充分发挥各自资源优势,投入一定的人力、物力、财力,以创造出适合校园足球开展与发展的良好条件。全国校园足球联赛的组织管理体系如图 2-2 所示。

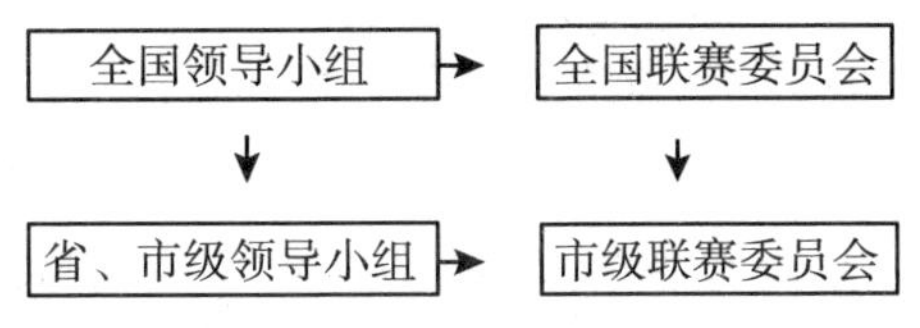

图 2-2

在我国一些城市都相继成立了市联赛委员会，形成了与本市具体实际相符合的校园足球联赛的组织管理体系，从而为校园足球联赛的顺利开展提供了保障。组织与管理市足球联赛并承担相关责任是市联赛委员会的主要工作。根据赛事的需要，市联赛委员会下设相应的组织机构，如图 2-3 所示。这些组织机构都有着各自明确的分工和职责，并且相互之间进行密切合作，对联赛开展进程进行实时监控，从而确保市足球联赛的顺利开展。

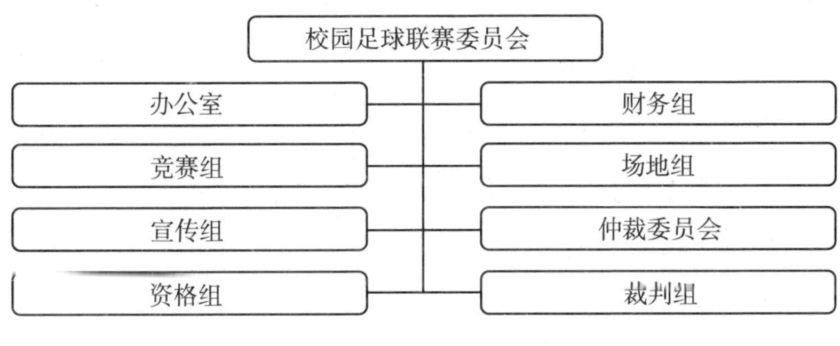

图 2-3

3. 竞赛经费

经费的投入为体育赛事得以顺利开展提供了重要的物质保障。如果缺少必要的经费投入，那么体育赛事的顺利开展也就无从谈起。校园足球联赛是一项全国性的体育赛事，就拿我国青少年校园足球联赛来说，其涉及 40 多个布局城市。国家体育总局为了确保这项规模盛大的校园足球联赛能够得以顺利开展，专门从体育公益彩票收益中拨款 4 000 万元，以确保联赛经费充足。国外也有相关案例，这些都说明资金投入是非常必要且重要的。相关研究表明，为了促进草根足球在英国得到更好地开展与发展，英格兰足球协会拿出年收入的部门资金专门用来支持草根足球运动的发展，并且所拿资金占到年收入的一半以上。此外，英格兰超级联赛也在此基础上每年再投入1 500万英镑来支持草根足球，政府和社会等也在足球项目中进行了相应投入。

英格兰足球协会投入大量资金的目的就是为让更多的青少年参与到足球运动之中。相比之下，我国在足球资金投入方面仍然存在较大差距。目前，我国校园足球运动的发展尚处于初始阶段，随着对校园足球运动研究越来越全面、深入，其资金来源渠道将变得更加多样化，从而确保校园足球联赛得以顺利开展。在校园足球投入方面，我国主要用于足球器材的购买、教练员培训、购买运动服装、交通费用、通信费用以及足球联赛的组织费用等。整体来说，在现阶段我国校园足球联赛开展方面，经费相对不足，这会严重制约我国校园足球运动的顺利开展与发展。

4. 联赛宣传工作

作为一项新生事物，校园足球活动的开展受到我国政府与领导的高度重视，因为现在是我国足球运动发展的关键时刻，这项全国性基础措施的出台可能会对我国足球的发展产生巨大的积极作用。全国青少年校园足球活动工作领导小组的成立就是国家重视校园足球运动发展的典型表现。国家还专门对全国青少年校园足球官方网站进行了建立，目的就是促进我国校园足球活动组织与管理的不断加强，对校园足球活动的氛围加以宣传，促进校园足球活动影响力与影响范围的扩大。这一网站属于全国性的网络互动平台，对促进校园足球活动的开展与交流极为有利。

我国一些城市对全国青少年校园足球活动的号召积极响应，开始重视校园足球联赛的开展，并通过开通博客的方式来加强对校园足球活动的宣传。但经过调查发现，一些学校没有认真地设置校园足球活动博客主页，也没有及时地对新的资讯与消息进行更新，有些板块无法进入，这表明即使一些学校通过开通博客来宣传校园足球联赛，也是做表面工作而已，并没有上传实质性的有意义的内容，这并没有起到宣传足球联赛的作用，因此也就无法使更多的人了解校园足球联赛的知识与信息，难以促进校园足球活动影响力的增加。

此外，经过调查还发现，参加校园足球联赛的学校并没有做好宣传工作，主要表现在有关校园足球活动的宣传标语与标识并未出现在校园中或足球场周围。在校园足球联赛开展的过程中，人们难以通过有效的方式来对赛事的相关信息进行了解。所以，总体而言，我国校园足球联赛的赛事宣传工作并没有做到位，宣传工作流于形式，实质性的内容比较缺乏，这也就直接影响了校园足球联赛的赛事氛围和影响力。

5. 裁判工作

在体育竞赛过程中，以竞赛规则和规程为依据，对参赛者的胜负和名次进行评定的人员就是所谓的体育裁判员。体育竞赛工作是否能够顺利进行，直接受到裁判员工作质量的影响。在正规的 11 人制足球比赛中，需要共同完成比赛裁判任务的裁判员有 4 名，在这 4 名裁判员中，主裁判有 1 名，助理裁判有 2 名，还有 1 名是第四官员。其中主裁判就是比赛场地中通过执哨对比赛进行控制的裁判员，助理裁判就是在场地外手拿边旗沿两条边线协助主裁判执法的裁判员，第四官员是场地外第四官员席上的裁判员。❶

经过调查发现，一些学校中的校园足球联赛的裁判组的构成人员是该校所在地的各区县体育局所属裁判员和各参赛学校指导员，学校所在市的市足球运动协会裁判委员会是对这些成员进行统一选派的主要机构。按照一些城市的校园足球联赛裁判组规定，市足协要对每场比赛的主裁判进行统一选派，参赛学校的教练员或体育教师担任助理裁判。但是在实际的足球比赛中，参

---

❶ 刘建．北京市初中校园足球联赛开展现状研究及影响因素分析[D]．北京体育大学，2011.

赛球队的教练员或体育教师只是在临场指挥本方球队，而没有担负起助理裁判应负的职责，无法完成助理裁判的工作。有些教练员或体育教师由于自身能力有限，无法担任助理裁判，而有能力担任的教练员或教师又会因为比赛的公平和无偿性，而不愿意担当这一重任。

裁判员的结构不合理、人员短缺、职责不明会严重影响校园足球联赛的开展，因此必须重视对这一问题的解决。

三、我国校园足球联赛发展中存在的问题

从上述对我国校园足球联赛的发展现状的分析来看，我国校园足球联赛的开展不容乐观，而且有许多严重的问题存在，这些问题将会对我国校园足球联赛及足球运动的发展造成很大的阻碍，下面就一些明显的问题展开分析。

（一）未准确确定试点学校

对于国家的号召，我国的一些城市也只是进行机械性的响应，将其作为一项任务，来组织开展校园足球联赛，但在具体操作中没有确定试点学校，而这些学校的确定也都是由当地的体育管理局来进行主管确定的，并不是学校向有关部门进行申报。对于当地各学校校园足球开展情况，体育管理局并不是很熟悉，因此也就无法合理确定出试点学校，这就很可能造成一些开展校园足球运动较好的学校没有被确定为试点学校，而发展相对较差的学校却被确定为试点学校的情况发生。在参与校园足球联赛的过程中，试点学校很有可能会因为自身实力不够而中途退赛，这就会大大降低学生参与足球运动的积极性，对校园足球联赛的顺利开展造成不利影响，也不利于我国校园足球运动的发展。

（二）教育部门配合力度不够

体育部门与教育部门的相互合作对于校园足球联赛的开展

有着非常重要的推动作用，但在现实实践过程中，两者并没有实现合作，或者说两者之间的配合力度相对较弱。体育部门和教育部门也只是强调学生要积极地配合相关部门的工作，将校园足球联赛顺利开展起来，但在具体实施过程中其重心依然是抓文化教育。没有教育相关部门的支持，教育部门与体育部门没有实质性合作，那么学校就无法全力开展校园足球联赛，这就对校园足球联赛的开展及足球运动的发展造成了制约。

（三）学校之间的足球发展不均衡

在我国，不同城市，不同试点学校校园足球运动水平存在差异，学生之间的足球运动技能也存在差异。在经济相对较为发达的城市，由于基础设施较为良好，学生接触足球运动时间很早。甚至一些学生在很小的时候便开始在足球俱乐部学习踢球，由专业的教练或教师进行指导，因此学生的足球运动水平都相对较高。与贫困地区的学生相比，发达城市的学生能够进行更加专业的足球训练，这与指导教师的经验丰富有着很大的关系。如果将发达城市与贫困城市学校的学生安排在一起参加足球联赛，这对后者是非常不公平的。在比赛过程中，贫困城市学校可能没有足够的足球队员，而发达城市学校则队员较为充足，在比赛中有很多替补。这就导致比赛胜负出现悬念，甚至会挫败学生的积极性，这对推广校园足球运动是非常不利的。

（四）社会关注度低

社会的关注与支持是支撑校园足球运动发展的强大动力。作为中国足球的基础，青少年校园足球的发展至关重要，因此要将对其的宣传工作重视起来，宣传是提高校园足球认知度的良好途径，大力的宣传才能使了解它的人更多，关注它的人更多，社会的了解与关注有助于社会良好足球氛围的营造。

尽管全国校园足球活动领导小组办公室与腾讯公司合作，对全国青少年校园足球活动官网进行了创建，并在校园足球的布局城市对校园足球活动城市宣传空间进行了开通，但大多都流于形式，并没有从实质上促进对校园足球联赛的宣传。这就导致人们无法通过这一渠道来对校园足球进行了解与认识，关注就更无从谈起了，因此在校园足球联赛举办的过程中，现场的观众几乎没有，只是家长和工作人员在观赛。此外，由于对校园足球的认识不足，因此企业赞助校园足球联赛的现象也很少见。

通过调查发现，大多数校园足球联赛的指导员承认媒体报道校园足球联赛的情况很少，这表明我国大部分城市都没有做好校园足球的媒体宣传工作。经过对全国校园足球夏令营的调查后发现，企业赞助夏令营校园足球联赛（全国性质）的现象也很少，也没有一定数量的媒体对联赛的开展进行报道，只有地方电视台和中国体育报可能会对其做相关的报道。加强媒体对校园足球联赛的宣传和报道，能够促进对学生足球兴趣的培养，能够发挥良好的教育导向作用。对校园足球比赛进行媒体宣传报道还能够促进学校领导对校园足球联赛开展的重视程度的提高，加强对校园足球教师及教练员工作积极性的激发。日本对校园足球联赛的宣传工作就十分重视，因此也成为促进其青少年校园足球运动发展良好的主要原因之一。

(五)主客场制不现实

主客场制需要对比赛场地进行调换，这无形中延长了比赛日程，再加上路途消耗时间长，开销增加，会给原本经费就比较紧张的学校带来面临资金短缺的问题。因此，在校园足球联赛中实施主客场制不现实。在校园足球开展中，一些学校也只是划拨了很少资金，资金匮乏对校园足球联赛的开展及发展造成了严重阻碍。因此，如果引入主客场制会使校园足球联赛的开展面临更为严峻的困难。对于校园足球联赛来说，众多学校的参与有利于省际校园足球联赛的快速形成。如果引入主客场制，相应费用的支出会令一些学校无力承担。同时，主客场制的专业化会对学校参与校园足球联赛的积极性造成一定程度的不利影响，很难在校园中普及足球运动。

（六）注册与联赛存在脱节

所谓注册，是指在校园足球活动开展过程中，为了更多地了解和掌握足球后备人才的培养进程，对那些在足球运动中表现出较高水平的学生进行备案的过程。通过进行注册登记，有助于防止作弊现象的发生，如以大打小、修改年龄等，从而能够更好地维护良好的校园足球联赛环境。营造出良好的校园足球联赛氛围，以促进校园足球联赛得到有序开展。

根据相关调查，在开展市级校园足球联赛的过程中，出现了参赛队员身份与年龄与其实际不相符的现象，或许是由于已经注册的球员受到损伤，而找他人代替自己参赛；或许是由于自己能力有限，而找运动水平高的球员来参加比赛，以便能够取得成功。以上这些都表明，在校园足球联赛开展中我国校园足球注册工作存在着非常严重的脱节现象。

（七）联赛保险险种单一，覆盖范围狭窄

在参与校园足球联赛方面，学校通过办理相应的联赛保险来为自身提供一定的安全保障。这大大降低了学校和学生家长的后顾之忧，同时提高了学生参与校园足球联赛的积极性，以更好地保障校园足球联赛能够得到健康、可持续开展。根据《校园足球运动责任保险说明书》的相关规定来看，学生参加校园足球联赛获得的保险与其他人获得保险没有太大区别，但在参与足球联赛的过程中，与其他人相比，学生会有较大的运动伤病发生率。一旦出现伤病，其开销就会大大增加，但这些在保险说明书中并没有明确体现出来。

此外，全国校足办为全国校园足球活动布局城市定点学校的学生购买的保险只覆盖了一部分范围，即市级联赛的定点学校学生，而参与其他级别校园足球联赛的学生却无法获得相应的保

险,这会对校园足球活动的普及与推广造成制约性的影响,难以使校园足球联赛得以顺利开展。

第二节　影响我国校园足球联赛开展的因素分析

我国校园足球联赛的开展受到诸多因素的影响,因此在校园足球联赛具体开展过程中,难免会遇到一些问题,对于出现的问题要进行分析其产生的原因,并制定出有针对性的解决措施,从而促进校园足球联赛的顺利开展。本节主要从学校、家庭和社会三个方面来对我国校园足球联赛的开展因素进行分析。

一、影响我国校园足球联赛开展的学校因素

学校因素是影响我国校园足球联赛开展的重要因素之一,下面将从教练员水平、学生学业、校园足球氛围及校领导重视程度四个方面来分析学校中的一些因素是如何对校园足球联赛的开展造成影响的。

(一)教练员水平对校园足球联赛的影响

现阶段,我国足球指导员的级别分为五个等级,即 A、B、C、D,这是按照从高到低的顺序排列的。教练员要想取得初级资格证书,需要经过一段时间的专业学习与培训,并且在学习完成之后要通过考试。取得初级资格证书的教练员如果要获得更高级别的证书,就需要参与带队的实践,这是基本的资格。教练员通过不断的学习、培训与实践,能够积累丰富的足球执教、执训经验及比赛经验,实践指导能力也会不断提高,但是这些教练员一般都忽视了对专业理论知识的学习与掌握,这会影响其执教能力的提高。

学校体育教学工作的实施队伍与具体成员是体育教师，体育教师是组织与指导学校所有体育活动的主导者，其主要职责包括体育教学，指导业余运动队的训练工作，带队参加体育比赛等。学校中的足球教师主要毕业于各大体育专业院校，他们经过系统的学习之后专业理论知识掌握得较为扎实，而且体育教学能力也较强，然而因为缺乏实战经验，所以实践指导能力较弱。有些学校因为专业足球教师不足和比赛的需求，会安排非足球专业的体育教师带领本校的足球队参加比赛。非专业的足球教师不仅没有良好的实践指导能力，而且对专业理论知识的掌握也很少。他们在带队参赛的过程中，会以自己所学专业的要求来指导队员，这就会导致比赛中一些偏差或问题的出现。

一般而言，教练员不属于学校在编人员，其基本上来自于业余体校与学校联办、俱乐部与学校联办参赛队伍。❶ 业余体校或俱乐部对教练员进行招聘，使他们对参赛队伍进行训练，然后给予他们相应的报酬，参赛队伍的比赛成绩与他们的报酬直接相关，而与学校基本上没有关系。所以，这些教练员对全国性青少年 U 系列比赛的重视程度较高，因为这一系列的比赛成绩对他们的收入有决定性的影响。如果他们指导的参赛队在参与校园足球联赛的过程中，恰好在其他地方也正举办他们更加重视的比赛，这时，他们通常会去参加他们重视的比赛，而将校园足球联赛舍弃。此外，因为我国的校园足球联赛还处于起步阶段，参加联赛的学校的足球运动水平存在很大的差异，比赛中经常会出现几比 0 的结果，这样教练员预期的以赛代练的目的就不能达到，相反就会使教练员参加联赛的积极性降低。有些教练员十分怀疑校园足球联赛是否能够长期开展下去，因此组织管理部门要经常为教练员做思想方面的工作，使教练员对校园足球联赛的发展抱有一定的信心，从而积极地投入其中。

体育教师是学校的在编人员，他们在收入方面的压力要比教

❶ 刘建．北京市初中校园足球联赛开展现状研究及影响因素分析[D]．北京体育大学，2011.

练员小。他们或是因为对足球运动有兴趣，或是为了响应学校的号召，或是为了使自己的教学经验能够更加丰富，所以才会带领足球队参加校园足球联赛。然而，体育教师一旦带队参加比赛，就会影响到他们自身的休息，学校虽然意识到了联赛的开展会使教师的休闲时间减少，但并没有给予他们相应的补偿，这样教师的付出与回报就出现了不对等的情况，一些抱怨情绪难免出现。体育教师中存在抱怨的声音，就表明学校缺乏合理的补偿机制。体育局与教育局应该重视这一问题，对相应的政策进行制定，以此来促进教师与教练员投身于校园足球联赛的积极性的提高。

(二)学生学业对校园足球联赛的影响

学校足球队的学生往往对足球运动有很高的热情，这是他们的兴趣和爱好，但是，在义务教育阶段，学习文化课是学生最重要的任务，学校与家长最担心的就是学生踢足球会影响文化课的学习。据调查显示，在小学参加足球联赛的学生中，学习成绩为中等的占绝大多数，但也有相当一部分学生的学习成绩不及格。在中学参加足球联赛的学生中，学习成绩优秀的学生占绝大多数，而不及格的学生很少。参加足球联赛的中学生的学习成绩大多比较优秀，主要是因为中学生为了考上理想的大学而在文化课的学习上花费了大量的时间，相对而言，花费在足球上的时间就减少了。而小学生的体质水平不高，他们会花费大量的时间来踢球，以此来锻炼身体，提高身体素质。总体而言，参加足球运动的人数从小学到中学在不断减少。

小学阶段的学习教材难度较低，而中学阶段的学习教材内容难度较高，学校与家长不断提醒学生要以学习为重，因此学生承担着较大的学习压力，将大部分时间用于学习文化课，没有充足的时间踢球。有时，学生因为对足球运动十分热爱，就会难以控制自己，在课余时间去踢球，如果最后文化课成绩不理想，家长就会把足球当作影响孩子成绩的根源，从而对孩子严格监督，使其难以找到机会踢球，这就会对校园足球联赛的开展造成严重的影响。国家体育总局和教育部要积极制定科学合理的措施来解决学生文化课学习和踢足球之间的矛盾问题。学生也应该根据自身的情况制订一个合理的学习与踢球计划，尽量做到两手抓，不能以牺牲其中一方面来满足另一方面，这样无法从根本上解决问题，还会导致新的问题的产生。

（三）校园足球氛围对联赛影响的分析

校园足球联赛有利于广泛地开展学校足球运动，能够提高学生课余生活的丰富性，促进学生足球运动技术能力的提高，同时有利于对良好校园足球氛围的构建。足球联赛的开展还有利于促进学生足球参与意识的提高与校园足球气氛的活跃。而对良好校园足球氛围的形成反过来又对开展校园足球联赛十分有利。学校应该针对校园足球联赛的开展做一些宣传，对足球知识活动竞赛进行举办，鼓励学生参与，加强对学生兴趣与热情的激发，真正地在学校中宣传与普及足球运动，扩大学校中的足球人口。

（四）校领导重视程度对联赛影响的分析

经过调查发现，大部分学校中的足球教练员认为，学校是否能够组织足球队参加校园足球联赛，一定程度上取决于校领导的重视程度。学校里的政策都需要校领导来制定，学生能否正确认识校园足球联赛，能否极大地关注足球联赛，能否积极参与其中，都与校领导的重视程度息息相关。通过对一些学校领导的访问发现，学校领导在对一些问题进行考虑的过程中，会表现出明显的倾向性，即对文化课的学习成绩与升学率的格外重视。一些学校的领导尽管对校园足球联赛的开展表示关注与重视，也鼓励学生报名参加，但很快就会放弃参加比赛。学校领导应该将参加比赛与学生的学习这两件事协调好，避免中途退赛的情况发生。

在我国一些大城市中，校园足球联赛组委会在每年的年底会对校长培训活动进行举办，主要就是在对本地校园足球联赛发展的实际情况进行分析的基础上，将全国各地校园足球联赛的开展动态解读给参加培训的各个学校领导，并将本市校园足球活动未来一年或几年的发展方向告知校领导，其中校园足球网站的建设、联赛体系与注册的完善等事项是培训活动中的重点内容。这一培训活动的举办有利于加大对校园足球的普及与推广力度，调动各校组队参与足球联赛的积极性。然而，在每年的年底，学校的领导一般都处于繁忙的状态，所以没有时间参加这一培训活动，这时就会派体育教师或足球教练员代替自己参加培训。如果校领导没有亲自参加培训活动，活动所具有的意义和作用就无法实现，也难以取得预期的举办效果。所以，如果要对相关的培训活动进行举办，应该选一个合适的时间，确保校领导有时间参加，这样才能发挥培训活动的作用。一些城市也应该从自身的实际情况出发，对相应的政策进行制定，在对学校领导的政绩进行考核的过程中，将校内足球联赛的开展情况也作为一项考核内容，以此来促进学校领导对校园足球联赛的重视。

二、影响我国校园足球联赛开展的家庭因素

家长对学生参加校园足球联赛的态度也会影响到我国校园足球联赛的开展。经过调查发现，不支持孩子参加校园足球联赛的家长有很大一部分，而让孩子自由选择或支持参加的家长却很少。

对于业余体校与学校联办、传统足球学校和俱乐部与学校联办方式的学校而言，参加校园足球联赛的学生是经过全国报名，通过选拔考试后最终留下来进行足球训练的。[1] 这部分学生的家长对其参加足球联赛是抱有支持态度的。他们希望孩子能够通过参加足球训练与比赛来促进足球专业技能的提高，将来有机会成为专业的足球运动员，能够在这一方面有所建树。对于普通的学校来说，学生参加校园足球联赛大都是出于爱好和兴趣，或是

[1] 高杰．西安市中小学校园足球联赛开展现状及影响因素的研究[D]．西安体育学院，2012.

为了响应学校的号召,这些学生的家长对其参加校园足球联赛的态度是不同的,其中持反对态度的家长居多。从上述学生学业这一影响因素的分析中能够了解到,学生进入中学后,如果将大量的时间用于足球训练与比赛,自然会对其文化课的学习成绩造成不良的影响。鉴于这一事实的存在,家长对孩子参加比赛就持反对态度了。有些家长也因为孩子在参加足球训练与比赛的过程中,容易受伤,所以从孩子的安全考虑,就不支持学生参与足球联赛。

学校开展体育活动本质上是为了促进学生体质的增强,提高学生的健康水平,使学生拥有良好的身体条件来投入到学习中,所以学校、家长与学生要共同努力,协调配合,齐心协力将学习与比赛的关系处理好。

三、影响我国校园足球联赛开展的社会因素

影响我国校园足球联赛开展的社会因素主要表现在三个方面,即监督机制、竞赛经费和媒体宣传,下面将对这三个方面的社会因素展开具体的分析。

(一)联赛的监督机制对校园足球联赛的影响

对校园足球联赛进行良好的监督有利于校园足球联赛的顺利开展,健全的校园足球联赛监督体系能够保证在公平的环境下进行足球联赛,能够有效避免出现一些不公平的现象。监督机制健全,有助于运动员能够在足球比赛中全力以赴,有助于教练员对队员进行良好的指导,也有助于顺利开展裁判员工作。校园足球联赛的监督机制中往往包含暂停、警告以及取消比赛资格等一些基本措施。

现阶段,在我国校园足球联赛开展过程中,由于对联赛缺乏健全的监督力度,缺少专人监督,这就容易导致比赛中出现一些不公平或不好的现象,如参赛队伍临时退出比赛等。如果比赛中

出现不公平或不文明的现象容易造成队员对比赛失去信心，也就会阻碍校园足球联赛的顺利开展。由此可见，校园足球联赛的监督体系是否健全会对联赛的顺利开展产生直接影响。

（二）竞赛经费对校园足球联赛的影响分析

校园足球联赛的组织与开展离不开经费这一关键的物质基础，如果没有一定的经费做保障，联赛的开展与举办将无从谈起。

对于足球传统学校而言，开展足球联赛会有多种形式来获得经费。足球联赛所需的一部分经费来源于学校的固定经费，还有一部分来源于企业的赞助。对于普通学校而言，学生参加校园足球联赛的经费主要来源于学校的行政经费，但是学校的行政经费并不是取之不尽的，其极其有限，有时必要的经费都难以保证能够获得，这就会影响校园足球联赛的开展。如果有充足的财政经费，也未必会在足球联赛中投入很多。对于俱乐部与学校联办和业余体校与学校联办的参赛队伍而言，相对来说会有比较充足的经费。他们的经费主要来源于向学生收取的费用，俱乐部和业余体校会将大量的资金投入到学生的足球训练与比赛中，学校也会投入一定比例的经费。

总体来说，除足球传统学校，其他学校参加校园足球联赛的经费的来源中，很少有企业赞助的经费，这主要是由于赞助这些参赛队伍，无法获得较多的商业收入。但我们应该对企业的赞助抱有充分的自信，因为学生这一消费群体十分庞大，会有很大的商业机会蕴藏在这个消费群体中，企业在发现这一商机后，就会积极地赞助校园足球联赛的开展。所以，学校的参赛队伍在参加联赛的过程中，要将自己的水平充分展现出来营造良好的足球氛围，以吸引企业的关注。

为了促进校园足球运动的顺利开展，国家体育总局下拨4 000万专项资金对联赛的开展予以充分的支持，此外，地方体育部门也将一定的资金投入校园足球活动的开展中。国家体育总局下拨的专项资金看似数额很大，但是将这些金额在各个城市分配之后，单独就一个城市而言又是非常少的。尽管能够使一定的资金缺口得到弥补，但远远无法支撑足球联赛的顺利进行。

总的来说，学校中参赛球队的管理人员要集思广益，积极采取多种途径从多个不同的渠道对联赛开展所需的资金进行筹措，使足球队伍的正常运转和足球联赛的顺利开展得到充分的保障。

（三）媒体宣传对联赛影响的分析

近些年来，全国一些报纸媒体都对校园足球的有关信息进行了报道，网络媒体对校园足球的报道也不在少数，这使得校园足球运动一时间成为人们关注和讨论的话题。但是，媒体对校园足球的报道，大部分都是出于其作为一个新兴事物，并没有对校园足球进行过多的关注和宣传，后续跟进报道也很少。对于校园足球联赛的比赛过程，很少有媒体进行现场赛事采访，并且网络、电视和报纸也很少对具体的比赛过程进行报道。中国青少年校园足球官方网站是传递校园足球信息的主要平台，但是没有实质性的内容，也没有对相关的最新信息进行更新和上传。在我国各大城市，通过将本市的媒体与校园足球联赛组委会进行有效合作，大力宣传和推广校园足球联赛，并组织和引导观众到现场观看比赛，从而更好地推动校园足球联赛的普及与发展。

第三节　我国校园足球联赛发展的策略

本节首先分析了足球发达国家校园足球联赛发展给我国带来的启示，然后针对我国校园足球联赛的具体实际，制定出有针对性的发展策略。

一、足球发达国家校园足球发展给我国带来的启示

目前我国校园足球的发展现状还不够乐观，急需寻求一个有

效的途径来使这一难题得到有效解决。通过向足球发达国家借鉴先进经验,实施“引进来”的战略成为解决我国校园足球发展现状的一个非常重要的策略。与我国相比,日本和韩国在足球运动方面发展得比较好,特别是在校园足球的发展方面引起世界各国的广泛关注。下面主要以日本和韩国的校园足球发展为例,在对其校园足球竞赛体系进行分析的基础上,总结经验,从这些经验中探讨有助于我国校园足球发展的启示,为促进我国校园足球发展寻找出路。

(一)日本校园足球竞赛体系的基本情况

为了促使校园足球训练与比赛进行有机结合,就必须制定出更为合理的竞赛制度。合理的校园足球竞赛制度,能够有效地检验校园足球训练的实效性,充分发挥出竞赛所具有的杠杆作用。因此,为了更好地促进校园足球后备人才训练质量和参赛能力的快速提高,就必须建立和完善科学的校园足球竞赛制度。就目前来看,日本在校园足球竞赛体系方面已经相当完善,这是其相关人员共同努力的结果。校园足球联赛在日本的各类学校开展得如火如荼,在每年的各种类型的校园足球比赛中,都有几十万的学生参与其中,所涉及的学校已经达到了 20 000 多所,并且这些赛事也都是由日本足球协会和国家文部省共同组织和举办的。值得注意的是,每年参与校园足球比赛的每一位球员都能够参加至少 50 场的正式足球比赛。

具体来说,日本足球协会及其下属各相关部门组织和举办了日本的全国性足球比赛,并且根据性别和年龄的不同可将举办的这些比赛划分为不同的类型。此外,每年日本都会定时组织和举办一些重要的幼儿足球赛事,其中全国幼儿足球赛事是这些赛事中最为重要的比赛。这一赛事分为三个年龄组,分为是 U10、U8、U6。除了举办一系列的全国性的足球比赛之外,日本各个地区还会举办相应的地方性足球联赛,这些赛事主要集中在中小学。

综上可知，日本举办的校园足球联赛已经具有了非常广的覆盖面，每个年龄段都有机会参加比赛，并且日本所举办的足球赛事种类繁多，有地区级的、地域级的，也有全国级的。对于校园足球联赛，日本民众和社会都给予了高度的关注。其中，全国高中足球联赛在日本有着很大的影响力，其火爆程度已与J联赛不相上下。媒体和民主，尤其是高中足球队员的家长对这一赛事非常重视。全日本高中联赛于1916年开始举办，至今已经举办了90多届。每次比赛都有4 000多所学校参加，并且获得前四名的学校能够在国立体育竞技场进行决赛。东京国立体育竞技场是日本校园足球队员心目中的足球圣地。决赛时，常常会有多达4万人的观众到现场观赛。一般情况下，在春、夏、冬三个假期和5月的黄金周日本都会举办各种足球赛事，这样便不会对学生的正常学习产生影响。在日本校园足球联赛中，具有很大潜力、表现优秀的球员能够有机会进入到职业队参加专业的训练，这给校园足球的球员们带来了很大的发展空间。

（二）韩国校园足球竞赛体系的基本情况

韩国对校园足球运动的发展非常重视，由韩国足球协会和教育部门联合制定了校园足球竞赛政策，并由韩国足球协会来对校园足球竞赛进行管理，并以这些基本的竞赛政策作为基础，相继建立了分级管理、分级指导和分级竞赛制度。每年的春、秋两季，韩国足球协会都会举办比赛，并且经过足球协会批准的一些机构也可以举办其他类型的足球比赛。

目前，韩国校园足球竞赛体系已经较为完善，并且这一竞赛体系已经贯穿于各个学校层次和年龄段（表2-1）。根据相关统计，在韩国小学足球比赛中，每年每支球队都能够参加30场比赛，初中的每支球队每年能够参加40场比赛，高中的每支球队每年能够参加50～60场比赛。从以上数据中可以推断出，在进入职业球队之前，优秀的球员大致会参加七八百场比赛，这也使得球员通过比赛积累了丰富的经验，在参与职业球队的相关训练时已经奠定了坚实的基础。

表 2-1　韩国校园足球竞赛体系

	周末足球联赛开始时间	举办的各类足球比赛
小学	2001	每年 4～9 月间举办各市、道城市联赛；10 月举办地区联赛 目前举办的比赛：假期举办 1 场足球联赛、2 场全国比赛；学期中举办 5 场全国比赛
初中	2006	每年 9 月举办各市、道地区联赛，优胜球队参加次年全国中学锦标赛 目前举办的比赛：在假期进行 1 场足球联赛、2 场全国比赛，学期中举办 10 场全国比赛
高中	2006	每年 9～11 月举办各市、道地区联赛，优胜球队参加次年的全国高中锦标赛 目前举办的比赛：假期举办 1 场足球联赛、1 场全国比赛；学期中举办 12 场全国比赛

(三)日韩校园足球竞赛体系对我国的重要启示

1. 对长远的发展规划进行系统的建立

日本校园足球事业之所以能够蒸蒸日上，一个重要的原因在于日本对系统的长远的校园足球发展规划进行了制定。日本的足球发展行动方案十分详尽，而且是在系统的规划和详细的论证基础上制定的。例如，日本在 20 世纪制订的《日本足球百年发展计划》，在 2006 年制订的新的日本足球发展计划等都是非常详尽的系统的发展规划，并且在此基础上对配套的整套实施方案进行了制定，方案的内容主要是发展规划如何得到落实，对不同年龄段的学生如何培养起对足球的爱好，如何使学生学习本国的足球技术特点，如何对各级别的教练员进行培训等。同时，方案中还详细地说明了不同时间段日本足球人口的注册数量及竞赛成绩要求等内容。在发展规划制定之后，日本每年都会以现实中足球的发展情况对方案与计划进行补充，使之与现实相符，不断完善。

日本制定的足球发展规划着眼于未来，目光长远，对基础普及十分重视，而且明确了不同发展阶段的主要任务，对可操作性很强的实施手段进行了运用。反观我国的足球发展规划，并不是注重普及，而是将比赛的成绩看得尤为重要，可持续性的发展脉络并没有在规划中体现出来。国家体育总局副局长蔡振华说过，不管是从政策制定、俱乐部的建设方面来说，还是从国家足球队的建设而言，我国足球都没有一贯性，更没有长期的发展规划。而要想将足球事业做好，离不开对长期规划的制定，离不开持久的努力，也离不开对足球运动的推广与普及。所以，我们应该对日本足球的成功发展经验进行借鉴，着眼未来，对足球的中期发展规划或长期发展规划进行制定，我国足球发展的重要突破口在于校园足球，普及校园足球的任务十分艰巨，因此要重视起来，我国要将以往只注重成绩的急功近利思想摒弃，促进我国足球人口的增加，并使足球人口的发展从量变向质变飞跃。

2. 对符合我国实际状况的管理体制进行建立

经过研究发现，日本和韩国的校园足球之所以能够快速的发展，与这两个国家构建的科学的足球管理体制是分不开的。日本与韩国以本国的国情为基础，对与本国实际发展情况相符的足球管理体制进行了构建。科学的管理体制有利于尽快落实校园足球发展的各项政策及措施，有利于使校园足球的发展轨道与方向保持正确。

日本的足球管理体制属于分权管埋，日本的政府部门与民间组织团体共同管理足球事业，双方分工协作。具体而言，文部科学省下设部门的职责是推广与普及足球运动，对学校足球以及大众足球等进行直接管理，日本足协及下属的各级足球联盟的主要职责是负责举办各级联赛（包括职业联赛在内）。由于各部门的分工十分明确，因此日本的足球管理体制十分顺畅，而且运行政策与措施也容易落实,各级部门会认真贯彻并执行上面下达的命令与任务,集体协作的力量是无比巨大的。

韩国的足球管理体制属于集权管理,政府机构垂直领导并统一管理国家体育事业,社会各界对政府机构的领导工作十分支持与配合。在韩国,政府教育部体育振兴局学校体育科直接管理校园足球的开展,各级足球联盟统一安排和协调相应的足球训练及竞赛,足球协会与教育部门共同制定校园足球竞赛的政策,足球协会对足球竞赛全权管理,并建立了一系列分级制度。❶

从韩国与日本构建的校园足球管理体制中发现,校园足球的发展离不开对科学管理体制的建立与完善。就我国现阶段校园足球的发展来说,国家足球管理部门与教育部门应该加强合作,将各部门的管理职责与范围明确下来,并做好各部门的利益分配工作,对促进校园足球发展的科学法规与政策进行研究和制定,加强对高校灵活的校园足球运行机制的建立,以此来促进校园足球的持续健康发展。

3. 对校园足球后备人才培养体系加以构建与完善

近些年,在国际足球舞台上,日本与韩国的成功是有目共睹的,这两个国家取得令全世界瞩目的成绩与他们重视对校园足球后备人才的培养,拥有完善的校园足球运动员培养体系是分不开的。

日本在30多年前制定了足球俱乐部训练中心制度,这项制度目前几近完善,这是日本能够成功地培养足球后备人才的重要原因之一。这一制度使日本足球的基础得到了有效的构筑,促进了日本足球后备人才挖掘与输送渠道的畅通。

韩国对校园足球后备人才的培养是以学校为依托的,韩国的学校足球后备人才培养体系是一条龙式的,即小学—中学—高中—大学。在这基础上,韩国对校园足球后备人才的选拔输送机

❶ 李继霞.全国青少年校园足球活动发展战略研究[D].上海体育学院,2012.

制进行了完善。这种培养体系有利于对足球运动员出路难的问题进行有效的解决，有利于使韩国足球的发展更加稳健。

分析日本与韩国的足球人才培养体系可知，一个国家足球水平的高低在一定程度上取决于这个国家是否以本国的国情为依据，对适宜的校园足球人才培养体系进行了制定。我国应该借鉴日韩两国的经验，不断重视对校园足球后备人才的培养，对校园足球的发展进行大力推动，并将此作为发展我国足球事业的有利契机。我国要在综合考虑青少年足球运动员身心特点、成长规律、训练规律以及足球运动自身的发展规律等实际因素的基础上，促进我国校园足球后备人才培养体系的不断完备，加强对足球人才的多渠道培养。

二、我国校园足球联赛发展的具体策略

（一）联赛赛制的发展策略

1. 对赛会制进行合理利用

不在参赛队的主场或客场举办比赛，而是在一个合适的地点进行挑选之后举办比赛，这就是所谓的赛会制。各种欧洲杯赛、世界杯赛等都属于赛会制的形式。每年，全国校足办都会对全国校园足球夏、冬令营进行举办，但对于参与校园足球活动的主体而言，夏令营、冬令营并没有覆盖很多学生，特别是冬令营，其是在夏令营的基础上对参赛的队员进行再次挑选，最后被选中的才有机会参加冬令营。

针对夏、冬令营覆盖面狭小的问题，我国各省市可以利用寒暑假的时间，对某一区域的校园足球夏令营、冬令营活动进行组织与举办，也可以利用寒暑假对更高一级的市校园足球夏、冬令营活动进行组织，进而对省校园足球夏、冬令营活动进行举办。这样安排不但不会对学生的日常学习造成影响，而且还会使校园

足球夏、冬令营的覆盖范围扩大,使更多的学生有机会参加比赛,促进学生假期生活的丰富。

2. 避免周中主客场制,增加周末主客场制

青少年球员是参加校园足球活动的主体,这些球员的第一标签是学生,然后才是球员,这些球员和其他非球员的学生一样,学习同样的知识,享有同样的受教育权利。一些学生成为学校的球员之后,便将大量的时间用于踢球上,而对日常文化课的学习造成了影响。因此,为了避免足球训练或比赛对学生的文化课学习造成影响,校园足球联赛应该采用周末主客场制的比赛形式,这样就能够使学生日常的学习时间得到充分的保证,还能够促进学生周末生活的丰富。学校尽量不要对周中主客场制的比赛形式加以运用,不仅是因为担心对学生的学习造成不好的影响,而且也是因为家长在工作日没有时间在比赛现场为孩子加油鼓劲。在韩国,全国学校春、秋季赛会制比赛于 2010 年已完全废除,联赛形式的比赛全面开展,对周末主客场制大力推行,对学生周中参加比赛的行为采取禁止与反对的态度,保障学生能够正常地接受正规的教育。

(二)联赛层次的发展策略

1. 建设校级联赛为主导的校园足球联赛

现阶段,对校园足球的普及是我国发展校园足球活动的主要目标定位。我国校园足球运动的发展处于起步阶段,因此一定要对其进行准确的目标定位。在《全国青少年校园足球活动实施方案》中对参加校园足球活动的学生人数进行了相关的规定,即校园足球试点学校必须保证全校参与校园足球活动的学生人数至少为全校总人数的一半。但是大多数市级校园足球联赛中对报名的名额有严格的限制,规定人数与上述规定之间有很大的差距。对校级足球联赛的开展是解决这一矛盾的主要方法。校级

联赛的开展有利于在校内广泛地普及足球知识和技能。现在，一些城市中出现了对市级联赛的开展极为重视，却对校级联赛的开展不关注的现象，这一问题应该尽快得到解决。校园足球联赛的建设与发展离不开对校级联赛的开展这一重要的内容与手段，要想顺利开展校级联赛需要对班级、年级、年级间联赛体系进行建立与完善。

2. 以校级联赛为基础开展市级联赛

校园足球试点学校之间需要相互交流与沟通，以促进共同发展，而开展市级联赛可以实现这一沟通的目标。所以我国各个城市在发展校园足球运动的过程中，要确保本市的校园足球活动试点学校能够顺利参与市级联赛活动。市级联赛是较高级的校园足球联赛，对其的开展需要以校级联赛这一低一级的联赛为基础。在对校级联赛进行开展的过程中，能够对各个学校足球训练的问题进行观察，可以对足球人才进行选拔，将高水平的人才组建起来参加市级足球联赛。这样可以提高比赛胜利的可能性。如果在没有开展校级联赛的情况下直接开展市级联赛，就会对比赛的结果捉摸不定，难以提高参赛队员的热情与信心。

(三)联赛保障体系的发展策略

1. 培训保障

作为国际上第一大体育运动，足球基本理论与技战术不会一直保持固定不变，足球的技战术及理论研究在不断地发展与进步。所以，有必要使校园足球的指导员长期参加培训工作，甚至终身参加培训工作。校园足球运动的发展目标能否实现，足球后备人才的技能能否提高，从一定程度上而言取决于校园足球指导员的业务水平。校园足球活动这项巨大的工程需要在足球指导员的指挥下进行。所以，在之后开展校园足球活动的过程中，一定要将对校园足球指导员的培训高度重视起来，定期培训足球指导员。试点学校对足球指导员进行培训的方法有很多，具体如下。

(1)将足球发达国家的著名青少年足球专家或教练员邀请到学校，让其将自己的经验与技巧传授或分享给校园足球指导员。

(2)将我国足球运动水平较高的试点学校的指导员邀请到学校，让其与本校的足球指导员分享经验。

(3)将实践指导水平较高的足球指导员送到足球发达国家进行专业培训，以促进指导员理论与实践水平的双重提高。

(4)促进试点学校中校园足球指导员数量的增加，将指导员的待遇适当提高，使指导员通过竞争的形式获得这一职位，以激发指导员不断进步的动力。

2. 资金保障

资金是保证顺利开展校园足球各项活动的物质基础，所以，在校园足球活动开展之前要准备好充足的资金。现阶段，校足办统一下拨专款，分配到校园足球活动布局城市，作为开展校园足球的经费，各布局城市也要投入一定比例的资金来支持校园足球运动的开展，然而很多城市并没有投入一定的配套资金。在韩国，每年足球协会用于青少年足球培养的费用达到预算的10%，我国应该对这一措施加以合理的借鉴。我国各级政府应该在财政计划中将校园足球活动经费作为一项重要内容来抓，投入充足的经费来支持校园足球活动的开展。此外，教育部门也应该增加经费投入，促进校园足球活动的开展。不仅如此，各级校园足球办公室也可以开展多种渠道的融资活动，依靠社会各界的帮助来开展校园足球活动，这样也能够增加社会对校园足球的认识，形成良好的足球参与氛围。

3. 场地保障

开展校园足球活动的基本保障条件就是拥有合格的足球场地，校园足球联赛特别是校级校园足球联赛的开展离不开一定场地设施作保障。所以，在校园足球联赛的开展中，一定要将场地设施的完善重视起来，具体可以从以下几方面来保障校园足球联赛开展的场地设施。

首先，教育部与国家体育总局应该加强合作，共同对校园足球活动的场地设施进行投资，增加投入金额，在使校园足球活动场地设施的数量得到保证的条件下再对场地设施质量不断进行提高。

其次，校园足球活动的布局城市应该在城市规划中纳入校园足球活动场地设施建设，在社区中选择合适的地段对足球活动场地进行拓建，并免费向学生开放。

最后，场地设施条件有限的学校可以和当地的高校（较近距离）进行合作，可以对高校的足球场地进行借助来开展校园足球运动的训练与比赛，但要注意不能对高校的正常教学、训练及竞赛造成不良的影响。

4. 教育部门配套政策保障

作为一项系统的工程，校园足球活动的开展以学校为载体，教育部门制定相关配套政策能够保证这项工程的顺利进行，对长期有效的激励机制进行建立是教育部门需要落实的主要措施，具体如下。

首先，校园足球活动的指导员参加专业培训活动，考核合格后为其颁发证书。体育教师获得四个等级的校园足球指导员证书后，在对其进行评定职称时可以把证书作为评定条件之一。

其次，各地体育部门要在体育竞赛运动员等级评定计划中纳入“全国青少年校园足球四级联赛”，以激励校园足球联赛的开展。

最后，对于参加校园足球活动的学生，应为其制定升学优惠政策，如加分等，以促进校园足球活动对学生的吸引力的不断增强，使学生参与校园足球活动的热情与主动性得到有效的激发。

5. 注册保障

为了保障校园足球运动能够公平公正地开展，需要做好对足球后备人才的注册工作。对追踪注册管理制度的采用，能够注册校园足球后备人才的有效信息，如性别、年龄、身高、体重、籍贯、学校等，对这些信息注册之后，注册档案便随之形成，能够使足球队员身份与年龄造假的问题得到避免。

为了更好地做好注册工作，可以合并中国足球协会注册系统和全国青少年校园足球活动注册系统，然后对青少年足球注册管理系统进行建立，这一系统的建立体现了体育部门与教育部门之间的相互合作。建立青少年足球注册管理系统后，可以统一查询校园足球活动注册信息与中国足协 U 系列注册信息，在青少年足球注册系统注册的所有队员，不仅可以参与由教育系统组织与举办的比赛，而且也可以参与由体育系统组织的比赛。体育部门与教育部门不仅要严格要求注册队员的足球技能，而且要对其文化课的学习成绩进行严格要求。在校园足球联赛期间，对参赛球员信息的核对要更加严格，避免出现虚报年龄等不良现象。

6. 训练保障

全国校园足球活动是一个巨大的工程，这一工程具有系统性，而且需要将各个环节重视起来。训练活动是推动这一工程顺利进行的主要措施。所以，对于校园足球运动的发展而言，训练活动的开展特别关键。因此必须保证学生每周都参与一定次数的训练，每次有足够的时间训练，而且训练时间段的安排也必须合理。学校是开展校园足球活动的载体，所以，教育部门应该将自身的作用充分发挥出来，对校园足球训练的保障方法进行制定并积极落到实处，使校园足球活动试点学校中学生的训练时间得到充分的保证，但是在安排训练时间段时不能对学生的正常学习造成影响。通常来说，学校可以将足球课放在下午最后一节，这样放学后也可以继续训练，不会对学生的文化课学习时间造成影响。

7. 年度联赛数量保障

作为一个沟通的平台，校园足球联赛能够为学生与教练员提供良好的交流机会，也可以使学生通过这一平台获得良好的足球技能，更好地成长。学生在参加校园足球联赛的过程中，体育教师或教练员可以从中发现学生的问题，并引导其改正，帮助其成长。学生参加的比赛越多，收获就会越多。所以，要保证学生每年都可以参加一定数量的校园足球比赛，在增加比赛数量的基础上注意比赛质量的提高。现阶段，在我国校园足球活动布局城市定点学校中，学生参加的比赛很少，参加市足球联赛的机会就更少，而且只有一部分队员可以参加，市级联赛的覆盖范围极小。

在这样的情况下，应该对试点学校的校级联赛定期举办，促进“班班有球队，周周有比赛”局面的形成，以使学生能够参加一定数量校园足球联赛。在开展足球联赛时，要确保能够覆盖所有的队员。促进学生体质的增强是开展校园足球联赛的主要指导思想，而对学生的足球兴趣与球感进行培养是开展联赛的主线，主要的开展目标是对学生的比赛能力与足球技能进行培养。因此校领导要明确校园足球联赛开展的指导思想、主线和目标，确保校园足球联赛的顺利发展与良好效果的取得。

（四）联赛保险的发展策略

《全国校园足球运动责任保险单》中对保险责任进行了规定：在保险期间内，在被保险人统一组织或安排的足球运动及比赛过程中、在前往上述比赛的路途中以及在集训期间，由于被保险人的疏忽或过失造成球员遭受意外事故。[1] 从这一规定中能够发现，参加市级校园足球联赛的学生是校园足球联赛保险的重点对

[1] 廉金明．山东省小学校园足球联赛开展现状及推广策略研究[D]．聊城大学，2014.

象,但是小学参保人数却很少。从这一点可以看出,校园足球联赛保险覆盖范围远远不够。校园足球布局学校中至少一半的在校学生是校园足球活动面向的群体,但小学参保对象的人数寥寥无几,这难以使群体的需要得到充分的满足。为了使学校与家长的后顾之忧能够得到缓解或消除,校园足球联赛保险应该扩大保险范围,将所有参与校园足球活动的学生都纳入保险范围,使参加校园足球的学生的安全得到基本的保障,并使学校、家长与学生了解这一措施的实施,解决他们的后顾之忧。

第三章　青少年校园足球的可持续发展战略探讨

校园足球是我国足球后备人才的重要输出阵地，对我国足球运动的可持续发展具有深远的影响和意义。因此，要想促进我国足球运动的发展，必须将青少年校园足球的发展上升到一个非常重要的战略地位。纵观世界上各足球强国的发展轨迹，如西班牙、德国等，这些国家的青少年校园足球运动无不开展得轰轰烈烈，并且早已建立和形成了一个校园足球可持续发展的体系。针对目前我国足球运动的发展现状，我们应该积极借鉴足球强国的发展战略，并结合我国的具体实际和特色，建立一个适合我国青少年校园足球运动发展的战略体系。

第一节　可持续发展战略概述

一、可持续发展战略的概念

可持续发展，是指满足当前发展的需要而又不削弱子孙后代满足其需要的发展。可持续发展意味着人类在发展的过程中要维护、合理使用各种自然资源，不能单纯地为经济的增长而破坏生态平衡。除此之外，可持续发展还意味着某一个地区的发展要将环境的发展纳入整个发展体系中，要制定相关的发展政策和制度。

总体而言，可持续发展战略的核心思想是，社会经济与自然环境协调一致的发展，让子孙后代能够享受充分的自然资源，拥有良好的生活环境。另外，可持续发展还要求社会经济的发展应建立在生态可持续能力、社会公正和人们积极参与自身发展决策的基础上。可持续发展所追求的战略目标为：既要满足人类的各种需求，获得个人发展；又要保护自然资源和生态环境，不对后代构成生活威胁；强调自然环境、自然资源和社会经济的协调一致发展。

综上所述，可持续发展战略，就是一个实现可持续发展的行动计划或纲领，是国家在社会多个领域实现可持续发展的总称，其基本目标是实现社会、经济与生态、环境的协调一致发展。

二、青少年校园足球可持续发展战略的内涵

青少年校园足球是我国足球运动发展中的重要组成部分，其可持续发展是基于校园足球这一特定领域而言的，它不仅要考虑满足当前我国足球运动发展对足球人才的需要，同时还要有利于青少年身心健康的全面发展，其战略目标追求的是校园足球与青少年足球人才的和谐发展。因此，了解以上校园足球可持续发展的基本概念后，可以更好地理解青少年校园足球可持续发展的内涵：青少年校园足球在长期持续、健康和稳定地促进青少年身心健康和培养足球后备人才的同时，实现校园足球与青少年与社会的和谐统一的发展。

根据青少年校园足球发展的战略，可以构建一个我国青少年校园足球可持续发展的三维框架图(图 3-1)。在这一三维框架中，在时间维度上，青少年校园足球的发展要循序渐进，不能急功近利，不仅要能满足当下足球人才足球发展的需要，而且还要保持持续性的发展。在空间维度上，要实现区域内和区域间的协调发展，校园足球的发展不是一味地扩大规模，而是在提高足球发展质量的基础上逐步扩大规模。在构成要素维度上，青少年校园足球运动的可持续战略系统包括诸多要素和子系统，这些要素和

子系统是紧密联系在一起的,任何一部分发生变化都有可能导致整个系统发生改变。

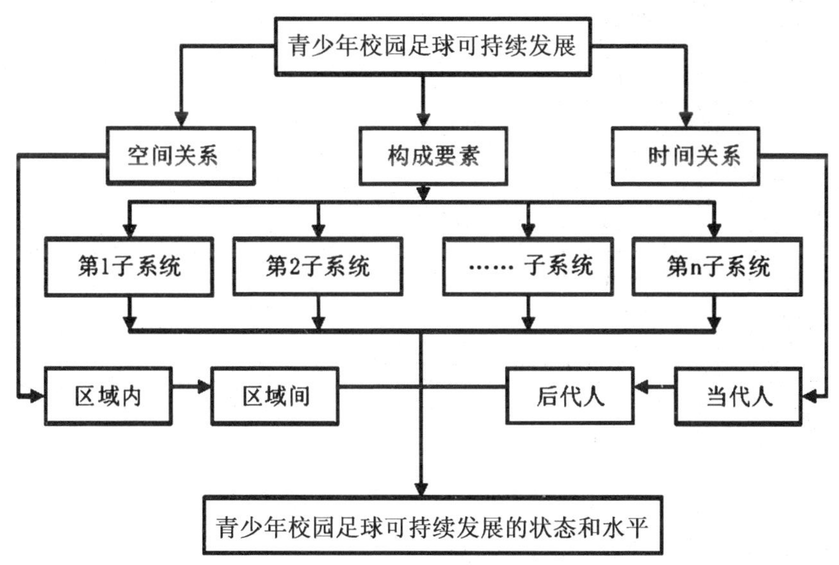

图 3-1

关于青少年校园足球可持续发展的战略,可持续发展具有一定的动态性特点,它强调的是在一定时间段内发展的过程。青少年校园足球的可持续性是指一种可以长期维持的特性或状态,是应用一些指标存量对发展过程中的某一时间点的静态评价,所反映的是当前的发展是否具有可持续性。由此可见,青少年校园足球的可持续发展是与特定的时间点密切联系在一起的,脱离了这一特定的时间点来谈可持续性是没有任何意义的。

三、青少年校园足球可持续发展战略的框架

通过以上对青少年校园足球可持续发展战略的分析,并借鉴制定发展战略的一般程序和分析方法,可以构建一个青少年校园足球运动可持续发展战略理论框架(图 3-2)。

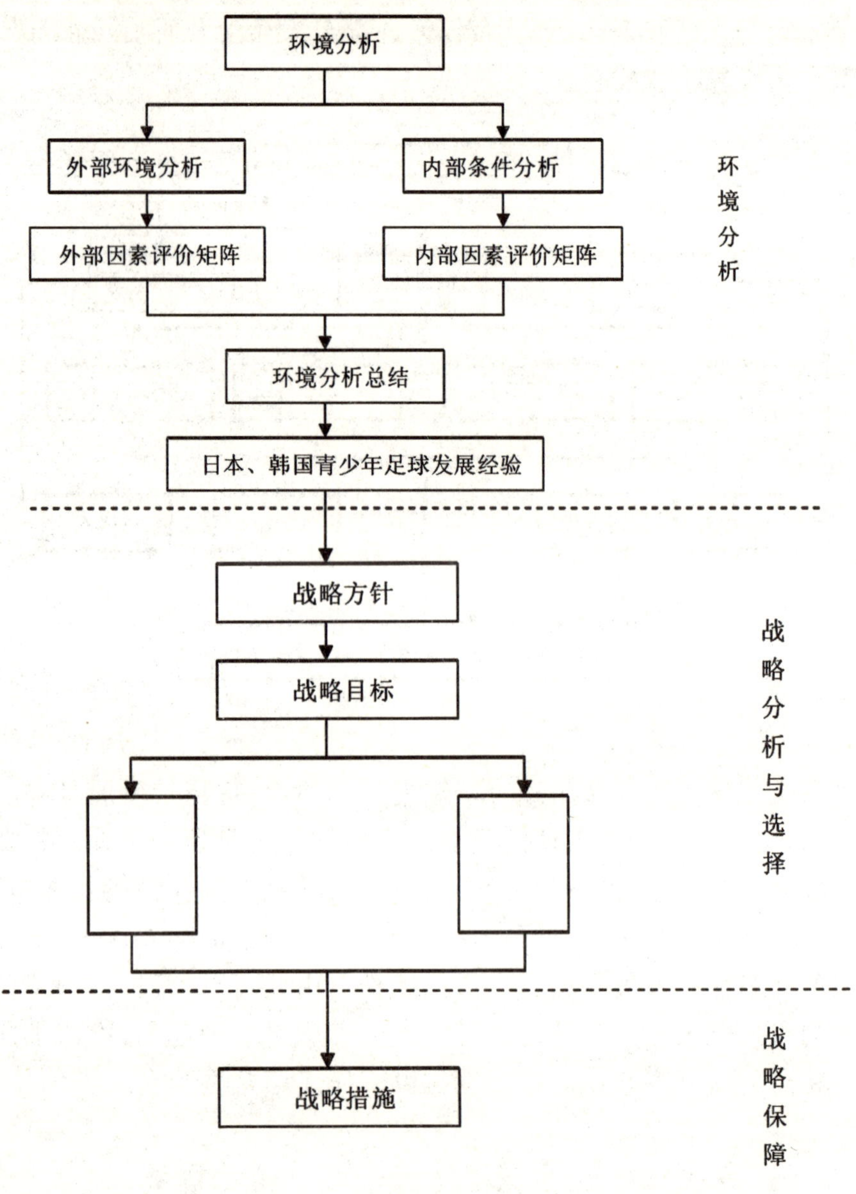

图 3-2

青少年校园足球可持续发展的这一框架包含的要素众多，我们一定要认清青少年校园足球发展的形式，对这些要素逐一进行解读与深入的研究，争取制定出一个符合我国具体实际的具有我国特色的青少年校园足球可持续发展的战略系统。

第二节　我国青少年校园足球可持续发展战略的制定

一、制定青少年校园足球发展战略的依据

（一）依据足球运动发展的本质规律

大量的理论与实践证明，现代足球运动的发展并不仅仅是技战术与训练理念的发展，青少年足球后备人才的培养和足球产业化发展也是其中非常重要的组成部分，只有这些要素得到统一协调的发展，足球运动才能得到可持续发展。然而以上这些要素的发展都是建立在足球运动发展的本质规律之上的，脱离了足球发展的本质规律，任何要素的发展都不会获得预期的效果。因此，在制定青少年校园足球可持续发展战略时也要依据足球发展的本质规律进行，否则就会适得其反。

足球运动项目发展的历史悠久，发展至今已成为世界上第一运动，足球运动在世界诸多国家都受到极大的重视，得到了良好的发展。从商业角度而言，世界上很多国家都拥有自己的足球职业联赛，足球产业化水平日益高涨，足球已成为世界体育界中商业化水平最高的运动项目，其在世界范围内的影响力越来越大。因此，足球运动本身的内涵及影响力，是其他任何运动项目都不可比拟的。其中，最为依赖足球运动本质规律的便是足球后备人才的培养与校园足球的发展这两个方面，它具有“周期长、成本高、风险大、成材率低”的特点。依据这一规律，在青少年校园足球运动发展的过程中，应加强学生对足球运动兴趣的培养和提高，不要过分地进行足球专项训练。因此，要制定我国青少年校园足球可持续发展的战略首先就要建立在足球运动发展的本质

规律基础之上。

(二)依据青少年校园足球发展的内外部条件

在校园足球运动中,校园内外部条件的好坏将直接对足球运动的开展产生重要的影响。有时候,甚至某些方面的影响是决定性的,如足球场地与设施的建设等。因此,研究青少年校园足球发展的内外部条件也是制定青少年校园足球可持续发展战略的重要依据之一。

1. 青少年校园足球发展的内部条件

在青少年校园足球发展的过程中,一定要明确发展的内部条件。这些内部条件主要是校园足球所具有的优势和不足。校园足球的优势在于便于舆论宣传和具有固定的专项资金;其劣势在于很多学校欠缺一定的政策性保障措施、管理体制不完善,师资力量薄弱等,这些问题都需要今后各学校逐一解决。

2. 青少年校园足球发展的外部条件

在青少年校园足球发展的过程中,外部条件也是影响其发展的重要因素。校园足球的发展并不是孤立的,需要体育部门、教育部门等多部门的联合才能获得良好的发展。校园足球发展的外部条件主要包括足球运动氛围、足球环境等,这些外部要素同内部环境也是密切联系在一起的,相互作用、相互制约。因此,要想制定出一个合理有效的校园足球可持续发展的战略,就必须充分了解校园足球发展的外部环境。这些外部环境条件主要包括政府支持、社会需求、体育体制政策和大众对足球运动的热情与对足球成绩的需求等。当然,这些外部环境条件也具有一定的负面影响,在校园足球发展的过程中要注意这一点,努力消除这一负面影响。随着近年来我国政府及领导人对足球运动的重视,各种有利于校园足球发展的方案陆续出台,校园足球因此迎来了千载难逢的历史机遇。所以,校园足球要充分把握住当前这一历史机遇，将内外部环境条件优势密切结合起来，制定出一个校园足球运动发展的可持续战略。

(三)青少年校园足球运动发展的要求

青少年是足球运动的后备力量，对我国足球运动的可持续发展具有深远的影响。而在校园足球运动中，青少年也是参与的主体。因此，对青少年这一参与主体的研究，也是制定校园足球可持续发展战略的重要依据之一。

在现代体育教育改革与发展的过程中，特别强调体育教学要以学生为主体，遵循"以人为本"的教学理念。这种人本教育理念充分表明了只有当人愿意去学的时候，才能更好地理解所学内容，提高学习质量。

因此，在青少年校园足球教学中，首先就要树立学生在教学中的主体地位，注重学生的全面发展，要满足学生学习足球运动的基本需求。

(四)借鉴足球发达国家校园足球发展的成功经验

制定一个科学、合理的校园足球运动可持续发展战略非常重要，是一项系统的工程。目前，我国的足球运动水平与世界足球强国相比还存在着巨大的差距，短时间内难以跟上，因此，我们在制定青少年校园足球可持续发展战略时就要充分参考和借鉴世界足球强国的先进经验和方法，并结合我国的特色，构建一个适合我国校园足球运动发展的模式。

当然，参考和借鉴世界足球强国的经验，并不是完全照搬，选择的对象也要有一定的目的性和针对性。同属于亚洲地区的日本与韩国，其足球运动的发展与我国有许多类似的地方，如现代足球的传入时间、足球职业化改革的开始时间、运动员的身体素质等。但经过一段时期的发展，日韩两国的足球运动水平明显比我国高了一个档次，因此，我们可以借鉴日韩足球发展的先进经验。总的来看，日韩足球发展的成功经验带给我国校园足球发展的启示主要有以下几点。

(1)在发展青少年校园足球时,应建立符合我国国情的管理体制。

(2)在发展青少年校园足球时,应制定一个系统的发展规划。

(3)建立一个完善的足球人才培养体系。

(4)注重足球教练员的培养与培训。

(5)重视足球后备人才的全面发展。

总之,我国足球管理部门应结合我国的具体国情与实际,加强青少年校园足球运动的改革与发展,制定出一个符合足球运动本质规律和我国青少年对足球运动需求的可持续发展战略。

二、青少年校园足球发展的战略思想

在制定青少年校园足球运动的可持续发展战略前,首先就要有一个明确的指导思想,正确的指导思想能为校园足球可持续发展战略提供一个科学的保障。可以说,指导思想水平的高低在一定程度上体现了一个发展战略的决策水平高低。

一个正确的指导思想不仅能够高度概括校园足球的战略构想,还能够准确预测校园足球的发展趋势。在制定校园足球运动的可持续发展战略时,应充分分析我国校园足球运动的发展现状,并吸取足球发达国家在校园足球管理方面的先进经验。目前,我国已经确定了青少年校园足球发展的总体战略指导思想,具体以科学发展观为指导,以贯彻落实《中共中央国务院关于加强青少年体育增强青少年体质的意见》和《关于开展全国亿万学生阳光体育运动的决定》为宗旨,以建设体育强国为动力,以足球运动发展规律为基础,深入贯彻《关于开展校园足球运动的通知》精神,以增强学生体质、推广和普及足球运动为基本任务,重点在于普及与提高足球运动在学生中的影响力,以“快乐足球”和“回归运动”为基本理念,构建具有中国特色的青少年足球人才培养体系。

三、青少年校园足球发展的战略目标

在青少年校园足球可持续发展战略中，战略目标是整个发展战略的核心，这个目标应具有一定的预见性、长期性、稳定性等。可以说，确定青少年校园足球发展战略目标是全部决策活动的核心和重点，应根据校园足球发展的具体实际而定。一般情况下，校园足球发展战略目标主要分为宏观目标和具体目标。

(一)宏观目标

在确定青少年校园足球发展的宏观目标时，首先应考虑我国政治、经济、社会、文化等因素对我国校园足球发展的影响，然后再结合我国学校教育的现状、校园足球运动发展的环境等因素进行考量，并借鉴足球发达国家的校园足球经验，制定一个合理的目标。通过当前我国校园足球发展的现状，提出一个校园足球发展战略的总体目标：在一段时期内，构建一个与社会主义市场经济体制相适应、具有中国特色的校园足球培养体系；建立完备的、高效的校园足球管理体制和运行机制；促进校园足球人口的大量增加，构建一个足球运动发展的浓厚氛围等。

(二)具体目标

只制定青少年校园足球发展的宏观目标还是远远不够的，为了实现宏观目标，就必须在诸多任务中完成小目标，而宏观目标正是由这一个个的小目标组合而成的，这个所谓的小目标就是具体目标，因此，还要制定一系列具体目标。而在设立具体目标时应注意如下几点要求。

第一，根据实际情况将宏观目标分为几个具有可操作性的具体目标。这些具体的目标要具有实效性，能保证宏观目标的最终实现。

第二，具体目标的确定需要遵循各分目标所需的条件及限制因素，如资金因素、人力因素和技术保障因素等。

第三，对于具体目标，要本着统筹协调、有条不紊的原则不断获得发展，进而促成宏观目标的实现。

根据我国青少年校园足球开展的现实情况可以将校园足球发展的具体目标分为以下几种。

1. 建立一个科学、规范的校园足球管理体制

校园足球运动的发展必须建立一个科学、规范的管理体制，这是任何事物的发展与管理都不可缺少的。青少年校园足球发展战略的具体目标的实现也需要依靠这样的管理体制。因此，根据我国的国情和校园足球发展现状，应建立一个与我国社会主义市场经济体制相适应的，并且符合校园足球发展规律和需求的管理体制。在制定校园足球管理体制时，要明确各管理部门的职责分工，完善制度建设，协调运行机制，为校园足球的发展提供保障。

2. 形成合理高效的资源配置方式

青少年校园足球运动要想得到良好的开展，没有一定的场地、资金、教练员等专门性资源是不行的。仅仅依靠学校来维持校园足球运动的开展是不可能长久的，因此，这些专门性资源要通过政府拨付或企业赞助等多种形式获得。目前，总体而言，我国各学校可用于校园足球运动发展的资源仍旧相对比较匮乏，这成为制约青少年校园足球运动水平发展的重要因素。

随着我国市场经济的不断发展，青少年校园足球在发展的过程中，可以充分发掘社会和市场的力量，创新发展模式，实现可持续发展。

3. 逐步扩大校园足球参与人口

青少年校园足球的发展需要广大学生的积极参与。如果在学校中拥有大量的参与足球运动的学生，那么就能够为我国足球

运动的发展打下良好的基础。因此，在青少年校园足球运动发展战略的具体目标中就应该有扩大校园足球参与人口的目标。

在这样的形势和背景下，我国制定了多项扩大校园足球人口的措施，一方面逐步增加了布局城市和定点学校数量，扩大校园足球参与人口；另一方面要在现有校园足球布局城市基础上，力争 2026 年使各级布局城市的数量达到 200 个；30％的高校成为校园足球定点学校；省级布局城市定点学校的高中、初中、小学的数量分别达到 10 所、20 所和 40 所，全国布局城市定点学校的高中、初中、小学的数量分别达到 20 所、40 所和 80 所，其中直辖市定点学校的高中、初中、小学的数量分别达到 40 所、80 所和 160 所；各级各类定点学校参加足球活动的学生人数达到学生总数的 50％以上；注册参加各级校园足球联赛的大学、高中、初中、小学学生人数分别达到 80 000 人、150 000 人、300 000 人和 500 000 人。

4. 构建小、初、高、大“一条龙”式的校园足球人才培养体系

后备人才是校园足球可持续发展体系中非常重要的部分，建立一个科学、有效的校园足球后备人才体系对我国足球运动的长远发展具有深远的影响和意义。因此，完善我国青少年校园足球后备人才培养的路径，初步建立起一个依托小学、初中、高中和大学等教育系统层级的四级金字塔式的、结构合理、上下畅通的“一条龙”足球后备人才培养体系。这种培养体系对学生足球运动水平的提高是非常有利的。尽管在校园足球运动中，绝大部分学生参加足球运动的目的是健身或娱乐，但是由于我国人口基数大，也能够涌现出一批水平很高的足球人才，校园足球运动的相关管理人员要能发掘出这些足球人才，并对其加以培训和指导，使其真正成为优秀的足球人才。如此才能建立一个我国校园足球发展的科学化体系，为我国输送高质量的足球后备人才。

校园足球运动的发展并不仅仅是教育部门或体育部门一家的事情，其发展要被纳入国家的整体发展战略体系。青少年校园

足球可持续发展战略体系的构建，既要考虑我国教育事业与体育事业的发展，又要考虑校园足球在整个足球运动中的地位和功能，从而建立和形成一个科学有效的校园足球发展模式，以满足我国足球事业发展的需要，促进我国足球运动的发展。

四、我国青少年校园足球可持续发展战略阶段

（一）第一阶段：基础发展阶段

青少年校园足球发展的基础阶段，是为校园足球健康发展做准备的阶段，这一阶段对我国整个足球运动的发展具有重要的战略意义。本阶段的主要任务是在目前校园足球运动发展的基础上，集中力量解决近期存在的各种疑难问题。

通过大量的调查发现，当前我国校园足球运动发展的特点主要表现为覆盖面窄、投入不足、学校部门及领导不够重视、家长不够支持等，这严重制约着我国校园足球运动的开展。导致这些问题的主要原因是管理体制不顺畅、政策保障不足等。因此，在新的时代背景下，应该逐步理顺管理体制、完善保障机制和制度建设，以推动校园足球运动的深入开展。总体而言，实现本阶段任务的具体指标和要求如下所述。

(1)逐步理顺校园足球运动的管理体制，保证校园足球发展的稳定性。这是校园足球可持续发展战略目标能否实现的关键阶段。因此这一目标要在本战略阶段内初步实现，并在发展过程中不断完善。一般情况下，管理体制的核心是管理机构的设置，各管理机构职权的分配以及各机构间的相互协调，它的强弱直接影响到管理的效率和效能，在整个管理中起着决定性作用。中国足球运动发展的历史充分表明，很多方面的问题都是由于足球管理体制不完善造成的，是由于决策与管理机构的不科学而造成的。因此，在校园足球运动发展的初始阶段，一定要建立一个科学的管理体制。

(2)加强校园足球政策体系和制度建设，明确校园足球运动发展中所必须遵循的准则和依据，并且还要不断完善和健全相关政策和制度。政策体系和制度建设是校园足球实现可持续发展的重要基础和保障，通过一系列足球制度的建立与实施，对校园足球进行规范化管理，从而实现人力资源的优化整合，挖掘与选拔出优秀的足球后备人才。

(3)建立和健全校园足球评估考核机制和激励机制。在校园足球活动管理过程中，各级部门应该制定一系列可量化的可操作的实施目标，并逐步完善跟踪评估机制，对校园足球活动的开展情况进行全面监督，以保证校园足球活动的顺利开展。建立并完善评估考核机制，首先要建立一个合理有效的评价标准模型，安排相关人员定期对校园足球的开展情况进行监督与考核，从而促进校园足球工作效率和质量的提高。

(4)随着校园足球规模的逐步扩大，足球师资力量也应该不断加强，因此，在校园足球发展的过程中，要逐步完善足球教师的管理办法，健全师资培养制度，通过定期培训等形式，不断提高足球师资的综合水平，从而为校园足球服务。

(5)结合学校的具体实际，不断加大政府资金的投入力度，保证校园足球发展有充足的资金保障；同时，校园足球各级主管部门还要不断拓展经费来源渠道，吸引社会投资。在校园足球发展的初始基础阶段，各方面、各项工作都需要大量的资金投入，因此吸引投资，加大资金投入力度是推进校园足球活动开展的基础性保障。

(6)结合当前我国校园足球发展的具体实际，逐步增加省级校园足球开展单位，扩大校园足球的覆盖面，大幅增加校园足球参与人口，这能挖掘和培养出大量的足球后备人才，对足球运动的可持续发展具有重大的意义。

(7)不断加强校园足球校本课程建设；结合学校的具体实际，因地制宜开展多种形式的足球活动，吸引大量的学生参与其中，将其作为校园足球开展水平评估考核的重要指标。

(8)制定一个完善的校园足球后备人才选拔输送制度,建立并逐步完善以大学为龙头的大学—高中—初中—小学“四级”校园足球后备人才培养体系。

(9)完善校园足球竞赛体系,构建完善的小学—初中—高中—大学“四级”校园足球竞赛体系,举办各种校园足球竞赛活动,做好足球运动的宣传,提高比赛质量。

(二)第二阶段:完备协同阶段

这个阶段在我国校园足球可持续发展体系中起着承前启后的作用。在这一阶段中,校园足球运动发展的各要素与功能基本上都处于良好的状态。经过上一阶段的积累,本阶段开始由量变向质变转换。因此,本阶段的主要任务是进一步完善校园足球运动发展的机制,加强校园足球的制度化建设、场地设施建设和师资队伍建设。总体而言,本阶段任务的具体指标和基本要求如下所述。

(1)进一步加强与完善校园足球运动的管理体制和运行机制,加强校园足球的制度建设,明确校园足球运动发展的指导思想,保证校园足球运动的健康发展。

(2)建立一个校园足球运动发展的质量评估体系,加强校园足球运动的全方位考核,以形成一个科学有效的运行机制。

(3)在校园足球运动发展的过程中,要逐步扩大现有的师资规模,优化人员结构,完善足球教练员和运动员管理的办法,健全师资选拔与培养制度,不断提高校园足球运动水平。

(4)充分发挥政府的主导作用,大力开发足球运动市场资源,调动社会团体的力量,为校园足球吸引赞助获得经济投资;另外还要注意足球资源的合理配置与利用。

(5)场地设施基本满足校园足球教学、训练和比赛的需要。

(6)在目前校园足球发展的基础上,逐步增加省级校园足球开展单位,大幅度增加校园足球运动参与人口,提高足球运动水平。

(7)使足球成为学生健身的重要方式,多开展一些校园足球活动，丰富学生的校园生活。

（8）不断加强青少年校园足球后备人才的挖掘与培养，建立和完善大学—高中—初中—小学“四级”校园足球后备人才培养体系。

（9）进一步完善青少年校园足球运动竞赛体系，形成完善的校园足球运动竞赛制度。

（三）第三阶段：持续高效阶段

这一阶段就是实现我国青少年校园足球可持续发展战略目标的阶段，在这一阶段的校园足球发展中，其阶段目标要与整体战略目标相吻合，其基本的发展思路为：进一步优化我国校园足球运动发展的资源配置，加大校园足球活动开展的力度，提升校园足球活动开展的质量，建立和形成一个校园足球合理、有效的发展模式，从而实现我国青少年校园足球运动的可持续发展。

五、青少年校园足球运动发展的战略重点

在校园足球运动发展的过程中，各个要素都起着重要的作用，因此，要把握好发展的战略重点，不偏离预定的发展目标。从目前来看，我国校园足球运动发展的战略重点主要有以下几个方面。

（一）完善校园足球管理体制

在管理学中，领导者的决策行为一般是以责任为约束、以权力作保证、以利益来推动。为了保证管理者决策行为的合理化，必须建立一个与权力结构相适应的利益结构，从而使责任、权利和利益统一协调。但是，目前我国校园足球运动在管理体制方面还存在着管理权限与管理范围不匹配的情况，即一方面，学生分布在广大学校里，而学校理应隶属于教育部门的管辖范围；另一方面，当前校园足球活动的管理权主要集中在体育行政部门，这种人、财、物不统一的情况直接导致了管理效率的低下，在很大程

度上影响了我国校园足球运动的开展水平。因此，完善我国校园足球运动的管理体制就成为校园足球可持续发展战略的重中之重。

（二）建立普及和提高协调发展的工作机制

当前，在我国校园足球运动发展的过程中普遍存在着普及与提高不协调的问题，我国校园足球运动的工作机制主要是围绕校园足球联赛展开，追求的基本目标是取得优异的比赛成绩，具体落实到各定点学校，表现为组建一支代表队参加城市联赛，而忽视校内足球普及教育活动的开展，使绝大多数学生都被排除在外，足球运动只是少数人参与的活动。目前，这种做法严重违背了校园足球运动发展的初衷。而“扩大校园足球人口”和“培养校园足球后备人才”是校园足球运动发展的主要任务，二者之间是互为依存、互相促进的关系。因此，建立和形成一个普及与提高协调发展的工作机制应成为校园足球可持续发展的战略重点。

（三）完善政策保障体系建设

青少年校园足球要想得到迅速的发展，并不是那么容易的，这需要较长时间的实践才能取得预期的效果。由此可见，校园足球运动的发展工作具有耗费周期长、资金投入大、成果见效慢的特点，这些特点决定了校园足球工作必定是艰苦的和长期的。在这样的背景和形势下，市场经济条件下的自由市场并不愿过多地将精力投入到这个领域中来。但是要想促进我国足球运动水平的发展和提高，这又是一条不得不走的道路。

通过调查发现，当前我国的校园足球运动发展的现状并不乐观，一些学校因为害怕承担学生受伤的责任而几乎取消了足球活动；家长由于害怕孩子因为踢足球而耽误了正常学业而禁止孩子参与此类活动等；再加上中国足球给人们留下的不利印象的客观现实都制约着人们支持开展校园足球的态度，这就导致了足球运动发展的恶性循环。面对这种局面，足球有关部门应出台一些具有针对性和可行性的扶持政策，解除校园足球运动发展中的后顾之忧。可以说，校园足球运动的发展，政策保障至关重要，加强校园足球的政策保障体系建设是我国校园足球可持续发展战略的重点。

（四）加强校园足球师资队伍建设

2015年2月27日通过的《中国足球改革总体方案》中明确写道要大幅度提高我国青少年足球人口，其中最为重要的方式就是通过校园足球来实现。因此，为了实现这一目标，就必须挖掘和培养一大批具有专业能力强和综合素质高的足球教师（教练），可以说，加强足球师资队伍的建设成为青少年足球运动发展的重要任务。

足球教师（教练）是校园足球活动的组织与管理者，对校园足球活动的开展起着重要的指导作用。据调查发现，目前我国有很多学校并没有专门的足球教师，上足球课的教师不是足球专业毕业，这就使得校园足球的教学水平大打折扣。总体来看，目前我国真正具有专业足球教学资质的教师少之又少，因此足球师资短缺和水平不高成为制约我国校园足球运动发展的“瓶颈”，这就需要在今后校园足球运动发展的过程中要出台一些有利于足球教师发展的文件或政策，不断加强学校足球的师资力量建设。

第三节　我国青少年校园足球可持续发展的战略措施

一、加大足球场地基础设施建设

在校园足球运动发展的过程中，足球场地、训练器材等基础设施是足球教学活动的重要物质保障，加强足球基础设施的建设,对足球教学与训练水平的提高具有非常重要的意义。与其他形式的教学活动不同,足球教学具有很强的实践性。教学中的场地资源、器材设施等都是足球教学活动的基础,这些教学设施是否完善将直接影响到足球教学的效果和质量。同时,也影响着学生体育兴趣、体育习惯以及终身体育教学思想的形成。由此可见,加强足球场地资源和基础设施的建设是足球教学活动顺利开展的重要保证。各学校应加大足球基础设施建设的投入力度,积极完善足球场地,增设足球器材,合理配置足球场地的数量和大小,为学生提供参与足球教学与训练的基本保障。

二、明确青少年足球的发展定位

要想促进青少年校园足球运动的可持续发展,首先明确青少年校园足球的发展定位,了解校园足球活动开展的背景及其战略内涵。现阶段,我国足球运动发展现状还很不乐观,职业联赛水平相对较低,在这样的形势与背景下,我国政府将青少年足球的发展作为重要的突破口,旨在为足球运动的发展奠定坚实的基础,促进我国足球事业的发展。我国政府明确指出,要“坚持体教结合,大力发展校园足球”。在政府的关注与支持下,青少年体育与体质健康逐渐得到重视,国家体育总局与教育部以此为契机,共同开展了全国青少年校园足球活动。同时,校园足球活动也是开展阳光体育运动的一个重要途径,是对《关于开展全国亿万学生阳光体育运动的决定》的贯彻。“增强学生体质”是校园足球开展的重要意义之一。此外,足球回归校园是我国青少年足球后备人才培养模式的战略选择。大量的实践表明,将来我国足球后备人才的培养必然要走回归教育这条路,这样才能解决青少年足球后备人才培养中出现的各种问题。

综上所述,我国校园足球运动发展的任务主要体现在以下两个方面:一方面是宣传与推广足球运动,使大众从中获益,不断促进学生的体质水平;另一方面是创新足球后备人才培养的模式,促进足球后备人才的全面发展。在校园中，多数学生是校园足球培养模式的参与对象，校园足球活动能够为学生提供良好的环境，在这一环境下，学生才能激发对足球学习的兴趣，提高足球运动技能。校园足球可以说是阳光体育运动中的一项重要内容，校园足球活动的开展能够使足球与学校其他体育运动之间相互包容、相互发展，使学校体育运动能够接纳足球运动，并开展各种各样的校内外足球比赛。可以说，校园足球活动是一种特殊的教育方式，能够促进学生的全面发展，如此一来，还能极大地增加我国足球人口的数量，培养大量的优秀足球后备人才。

在校园足球运动发展的过程中，宣传与推广足球运动，增强学生体质是“基础”，构建足球后备人才的培养模式是“提高”，二者之间相互依存，相互促进。所以，校园足球运动的发展，基础与提高要紧密结合起来进行，这是由我国足球运动的发展现状决定的。通过开展各种各样的校园足球运动，建立一个足球普及和提高协调机制，挖掘并培养大量的足球后备人才等是重要的战略目标。

三、加强对青少年足球活动的舆论宣传

发展至今天，校园足球运动的开展离不开舆论宣传工作，其目的就在于通过舆论宣传使社会大众更加深入地了解校园足球运动开展的重要性，进而使他们积极主动地为校园足球运动做推广。具体来说，加强校园足球运动的宣传工作应从以下三个方面着手。

（一）重视核心价值的宣传

在宣传与推广校园足球时，要重视校园足球核心价值的宣传，如发展思路、培养模式、培养理念等方面，使公众能够更全面地认识校园足球，从而促进校园足球氛围的形成。对最广大的群众宣传校园足球运动具有非常现实的意义，其原因在于构成校园

足球运动的主体正是千家万户的孩子，由于受我国传统家庭观念的影响，家长对孩子的行为有一定的影响力，因此，只有通过宣传才能使广大的学生和家长等对校园足球产生认同感，积极主动地参与到校园足球运动中来。

（二）充分利用各种技术手段及时总结与推广校园足球

在校园足球运动发展的过程中，要及时总结与推广校园足球实施过程中的成功经验及特色。通过多种渠道对校园足球取得的成效进行广泛报道，使榜样的积极示范作用得到有效的发挥，对各布局城市校园足球的健康开展进行有效的引导。

（三）发挥媒体的舆论宣传作用

校园足球运动宣传推广工作的开展离不开媒体作用的充分发挥，一定程度而言，媒体是校园足球发展最强劲的推动力。因此应该借助多样化的现代便捷信息传播途径，如网络、电视等媒体并结合青少年的身心特点，促进以网络媒体为核心、电视媒体和平面媒体为辅助的形式多样、点面结合的校园足球宣传推广工作平台的形成，促进校园足球宣传实效性的提高。

四、建立青少年足球“特区”

近些年来，受各种因素的影响，我国的足球运动一直难以取得良好的成绩与突破。目前，我国足球运动发展水平与世界足球强国相比差距巨大。具体分析，我国足球运动之所以难以得到快速发展的一个主要制约因素就是缺乏足够的、出色的足球后备人才。为了应对这一问题，近些年来，国家体育总局也采取了一系列政策与措施来提高我国的足球运动水平，如改革全运会足球比赛的赛制，增设青少年组足球比赛，增加金牌和奖牌的权重等。在我国政府的大力号召下，我国各地区开始重视青少年足球后备人才的培养，采取了一系列措施和手段积极开展青少年足球比赛，这对于青少年足球运动水平的提高是有一定帮助的。

青少年校园足球运动的可持续发展是一项长期的工程，需要投入大量的人力资源、物力资源和财力资源，并且短时间内并不会有明显的效果，这表明开展校园足球活动的工作十分艰苦，对于青少年足球管理者来说，不要急功近利，要按部就班地进行。在青少年校园足球发展的过程中，要想促进学校对校园足球活动的重视程度的提高，促进家长的支持力度及学生参与校园足球的积极性的提高，就需要采取各种有效的政策与途径，建立一个有效的发展机制。

在青少年校园足球运动发展的过程中，建设校园足球“特区”，是指将校园足球作为特定区域，给予其特殊的照顾政策，使之能够对学校、家长、学生构成强大的吸引力，使其积极参与其中，促进校园足球的发展任务的顺利实现。政府制定的相关政策要有利于校园足球的发展，而且要注意政策的特殊性。这里的特殊性主要从两个方面体现出来：一方面对足球的扶持政策要具有针对性，即专门针对校园足球，只有校园足球才能享有这些政策，其他体育项目不能享受；另一方面政府出台的政策要创新，要突破，仅仅在现有政策的基础上进行补充与完善是远远不够的。

目前，我国校园足球的发展程度还不高，在各方面都存在着问题，如学校的重视程度不够，教学经费有限，场地设施不足，师资力量薄弱，在这样的形势下，只有采取针对性的措施才能改善我国校园足球的发展现状，扭转不良的发展局面。例如，可以出台足球定点学校校长的绩效考核受校园足球工作开展成效的影响等相关的政策，这样就能够提高学校领导对校园足球的重视度，调动开展校园足球活动的积极性。此外，针对“场地设施短缺”这一问题，需要当地政府在城市建设规划和土地利用规划中纳入足球场地设施建设，争取投入一定的经费，建设配套的标准型或小型足球场地，以为校园足球运动的开展提供必要的物质保障。

总之，校园足球“特区”的建立需要我国教育部门制定一系列的政策加以支持,并与体育部门共同协调施政,通过出台文件正式规定相关扶持或特殊政策。与此同时,制度建设工作也要不断加强,细化各项政策,提高政策的执行力度,如此才能推动我国校园足球的可持续发展。

五、优化青少年足球师资力量

在足球强国,他们的校园足球运动水平一般也比较高,除了他们贯彻与实施长期的足球运动发展方案外,还非常注重对足球师资力量建设。特别是对于初步接触足球的少年儿童,足球启蒙教育对他们对此项运动的了解和热爱起到直接的作用。为此,我国也应进一步加强足球教练员队伍的培养和建设,以期能够为校园足球运动的良好开展提供支持。足球教师(教练员)是校园足球的第一线工作者,对于校园足球活动的顺利推进和发展具有至关重要的作用。可以说,校园足球要实现长远发展,师资是关键。不过从我国校园足球运动开展的现状来看,我国的足球师资队伍建设尚不完善,师资力量较弱,不能满足校园足球活动的需要。研究认为,加强校园足球师资队伍建设、优化校园足球师资力量的工作应该从师资数量和师资质量两方面内容入手。

总体来看,可以从以下几个方面对校园足球教师资源进行规划。

(1)对学校足球教学的人力资源进行规划,其目的就是要确保学校足球教学在一定的时间和岗位上获得所需要的人才。

(2)学校足球教学人力资源规划的要求要与高校体育教学的发展战略相互配合,满足学校足球教学对人力资源数量和质量的要求。

(3)学校足球教学组织人力资源规划的基础是要对环境的变化对劳动力市场的影响进行科学的分析与预测。

(4)学校足球教学组织人力资源规划的内容是分析和预测足球教学内部人力资源的需求以及外部人力资源的供给,以此来制定出相应的足球教学人力资源措施和相关政策，如员工招聘、员工晋升、员工开发与培训、人事调动和补缺、员工的离职处理等，从而为满足学校足球教学发展的各个阶段对人力资源的需求提供重要保证。

(5)最终实现学校足球教学和员工的双赢是校园足球人力资源规划的宗旨，即校园足球获得所需要的人才，同时员工也得到了施展才华的空间，并与学校足球教学共同成长。

(一)扩充校园足球师资数量

青少年校园足球活动的开展需要一大批具有较高专业能力和综合素质的足球教师，但从目前情况看，我国各学校现有的足球教师数量不能满足开展校园足球活动的需要。在这样的背景下，我们应该通过推进教师聘用机制的改革，完善足球师资队伍补充机制，增加校园足球师资数量，为校园足球发展注入新鲜血液。目前，运用较为广泛的扩充足球师资的途径主要有以下两种。

(1)通过制订“足球师资特设岗位计划”等形式，优先选择录用那些具有较高足球业务水平的人才。

(2)充分利用好现有的闲置专业资源，包括体育系统闲置的足球教练、退役运动员及俱乐部明星球员等专业资源，采用引进、兼职等多元形式，来弥补足球师资不足的问题。

(二)优化校园足球师资质量

要想促进青少年校园足球运动的进一步发展，需要不断优化师资队伍结构、学历结构、年龄结构、职称结构等方面，尤其需要不断提高教师的专业水平。研究认为，优化校园足球师资质量的措施主要有以下几项。

1. 推行足球教师资格制度

在我国校园足球运动发展的过程中，应推动我国足球教师资格制度的发展，提高足球教师的整体素质。一方面，虽然我国经济社会发展具有一定的不平衡性，但是为了对教师资格进行必要的规范，有必要建立全国性的教师资格标准；另一方面，教师资格制度的发展应结合当地实际情况，制定符合各地实际水平的地方性教师资格制度。实施教师资格制度能够在一定程度上促进教师职业的专门化，提高教师的专业化地位。

2. 重视足球教师的继续教育培训

为了保证教师专业水平和综合素质的提高，学校应积极鼓励和组织教师进行进修。为了保证教师具有进修的时间，应制定相应的政策和制度，使得教师能够更好地提升自己。在学习的过程中，能够了解到最新的学科动态、教学方法等，从而能够有效提升教师的专业素质和业务水平。

3. 加强足球教师的交流学习

在发展校园足球时，应注重足球教师之间的交流和分享，以使得教师能够积极分享教学心得，共同进步。为了更好地发展校园足球，应积极与足球发达国家的专家、学者进行交流与合作，促进教师的学习和提升。另外，我国也可选拔一些优秀的足球教师去国外学习，吸取国外的先进足球教学理念。

六、构建青少年足球网络信息交流平台

随着现代社会的快速发展，现代科学技术已越来越广泛地运用在足球运动当中，这对校园足球水平的提高是十分有益的。作为重要的人才培养基地，校园理应对构建足球网络信息平台给予关注。对足球训练网站和足球信息网络平台的创建，不但有利于共享校园足球运动的资源，而且有利于促进足球教师科研与训练能力的提高。从长远角度来看，构建足球网络信息平台是非常有必要和有意义的。

七、培养青少年足球运动的创新能力，提高训练水平

（一）培养青少年的创新能力

在校园足球运动发展中，学生是否具有独立创新的能力，对运动训练水平的提高具有重要的意义。学生具有创新思维和创新能力，则其能够对足球运动的技战术更好地进行把握，能够对技战术做到灵活运用。另外，具有创新能力，学生在学习相应的运动技能时，能够在掌握其基本原理的基础上，做到举一反三，从而提高足球训练的质量。

（二）加强对青少年足球运动意识的培养

通过校园足球活动或比赛的开展，能够使学生充分地体会到足球运动的乐趣，并且在运动过程中培养其足球意识，提高其足球运动技战术水平，对于学生足球运动水平的提高具有重要的意义。另外，足球运动员的战术能力的提高对其足球运动水平的提高具有重要作用。学生应结合自身的实际情况，培养足球战术意识，提高战术运用能力。

（三）加强青少年足球组合技术培养与训练

要想获得出色的足球运动技能并不是那么容易的，这需要长期的系统训练，在训练过程中，学生应发挥自身的创新能力，加强足球运动技战术组合技术的训练与应用。在训练过程中，既要理解各种技术动作之间的相互联系、战术之间的联系，还要明确技战术之间的配合与运用。这就要求学生要充分发挥主动性与创造性，不断提高自己的技战术能力。

第四章　青少年足球运动员的选拔与培养的体系研究

我国足球运动水平的提高离不开青少年足球运动员的选拔与培养，通过完善的选拔与培养体系，能够为我国足球运动的发展提供更多、更好的足球后备人才。通过足球运动员的选拔，能够将那些身体素质出众且具有足球思维的青少年挑选出来，在进行系统培训的基础上，能够大概率地培养出优秀的足球运动员。因此，本章对青少年足球运动员的选拔与培养的体系进行了研究。

第一节　青少年足球运动员选拔与培养的现状

一、国外青少年足球人才的选拔与培养现状

欧洲和南美洲是足球运动发展水平较高的地区，并且长期居于世界先进行列，这些地区的国家所举办的高水平的足球联赛在世界范围内产生了广泛的影响。这些国家足球运动能够长盛不衰，与其国家注重青少年足球人才的选拔与培养具有重要的关系。这些足球发展水平较高的国家，将民族传统、价值观念等与足球运动相结合，从而形成了自身独特的足球风格，也创建了符合国情的足球运动员培养体系。下面将对一些足球运动发展水平较高的国家的足球运动员的选拔与培养进行分析。

(一)德国青少年足球运动员选拔与培养现状

德国足球运动发展水平很高,多次获得世界杯冠军,其青少年运动员的选拔与培养的现状如下。

1. 基本情况概况

现阶段,德国有足球基地 300 多个,足球俱乐部十几万家,球队则达到 20 多万支,注册的足球俱乐部有 20 000 多家,注册球员 600 多万。据相关的资料统计,德国的人口为 8 000 万人左右,由此可见,德国足球运动的普及程度之高。在德国的注册球员中,有很大一部分是 14 岁以下的儿童。

德国的各种足球训练基地,一般会进行四次训练,并且每组不超过 30 名球员。另外,还有遍布全国的各个训练基地接受额外的培训,每周 1 次。在足球训练基地中,教练员有足够的时间对青少年足球运动员进行单独指导。德国足球协会尤为注重青少年足球运动员的培养,学校、足球俱乐部、足球基地相结合,从而建立起了完善的足球后备人才的选拔和培养体系。

2. 选拔与培养体系

在德国,“天才促进计划”中的天才培训中心、学校足球以及职业足球俱乐部梯队是培养青少年足球运动员的主要机构。

“天才促进计划”被认为是全世界范围内规模最大的足球人才培养计划。在该计划实施过程中,德国的年龄在 11 岁与 17 岁之间的 22 000 名青少年将在全国范围内的将近 400 个训练点展开训练,并由 1 000 多名教练员对其进行指导。在暑假结束之后,青少年足球选手还将在全国各个训练基地接受额外的培训,一般每周进行 1 次[1]。

德国的足球学校是培养足球运动员的重要途径。学生要想

[1] 刘丹,赵刚. 青少年足球训练纲要与教法指导[M]. 北京:人民体育出版社,2011.

进入重点足球学校,会有一套专门的选拔标准,注重考核其竞技能力、技巧和技术等方面。德国足球协会还制定了相应的训练和比赛的指导思想,以便为这些学校提供指导。德国不仅注重运动员的训练,文化知识的学习也是其重要内容,学生应做到学习与训练的结合,使得两方面都能够得到发展。德国足协积极促进俱乐部与学校进行合作,希望学生既认真读书又进行训练,将具有发展潜力的学生集中在一起,创造良好的读书和训练环境。

3. 训练理念

足球教练员对训练实践本质规律的认识与判断受到训练理念的决定,同时教练员的训练行为,以及对训练内容、方法、手段的选择与运用也取决于训练理念,对训练效果起着决定性的作用。足球运动水平的提高就要从青少年抓起。要让青少年在第一次接触足球训练时,就接受先进的训练理念的指导。按照足球运动员的兴趣和需要组织训练,这是青少年儿童训练的基本原则,以此为标准,德国足协要求俱乐部不能对青少年以成绩来衡量,应树立长远目标,让青少年在足球训练中享受足球的快乐。

德国促进人才发展计划主要通过教练员服务机构,使俱乐部基层教练员最优化。德国足协通过大量的服务性邮件,提供信息和指导基层教练员的训练,并为基层青少年教练员撰写训练建议,他们直接将统一的比赛与训练理念贯彻到基层。

(二)阿根廷青少年足球运动员选拔与培养现状

在南美洲,阿根廷是在足球运动员培养方面占据领先地位的国家,下面以阿根廷为例对南美洲足球运动员的培养现状进行分析。

1. 基本情况概况

阿根廷有 3 900 万人口,有 17 474 个注册俱乐部,有 1 200 支青少年队,30 000 名注册球员。在阿根廷的社会文化中,足球占据着重要的地位。对阿根廷辉煌的足球之路进行回顾,对青少年培养的重视是一个不容忽视的根本问题,虽然面临着经费严重不足的情况,但是阿根廷足协仍挤出一部分经费对青少年足球运动的开展予以支持,而且大多数的体育场地都对青少年免费开放,这促进了阿根廷足球的发展。

2. 足球学校情况分析

由于足球在阿根廷占据着比较重要的地位,阿根廷人对于足球有着非同一般的痴迷,因此普通的学校体育课并不能使爱好足球运动的孩子们的需求得到满足,为此,他们会利用业余时间踢足球。在阿根廷,主要由俱乐部外的私立足球学校承担 14 岁之前选手的培养工作,在那里球员每周训练 3 次,接受系统的足球基础培训。

3. 训练理念

在足球发展战略的制定上,阿根廷并没有急于求成。在足球训练理念上,阿根廷足球界认为多种多样的因素对足球竞技能力起着决定性的作用,但是否掌握了足球运动的规律和训练原则,并以这些原则为根据制定科学的训练方法,进行具有实效的刻苦训练是关键所在。青少年足球运动员的培养同样如此。因此阿根廷足球运动员在培养时,训练必须与比赛联系起来,训练应当体现比赛的特点,培养意识。

(三)韩国青少年足球运动员选拔与培养现状分析

与欧洲和南美相比,亚洲的足球运动水平相对低下,但仍在不断的发展之中,尤其是韩国和日本,在足球运动员培养方面,吸收世界先进国家的经验,取得了一定的成绩。下面以韩国为例对亚洲足球运动员选拔与培养的现状进行分析。

1. 基本情况概况

韩国的青少年足球运动员的选拔与培养体系已逐渐形成。

韩国学者指出,青少年业余足球俱乐部系统的主要目标是普及足球运动,扩大足球人口。韩国不断改革足球业余赛制,注重运动员文化教育质量的提高。在职业足球俱乐部中,其后备人才梯队应占据优秀足球后备人才培养的主导地位。

韩国的职业俱乐部不设置预备队,青少年足球人才的培养都在学校进行,学生都应完成国家规定的必修课。而该国规定,20岁要按国家的规定服兵役,这对其身体素质和意志品质的提升具有重要的作用。职业俱乐部每年会从高中和大学的足球比赛中选拔足球队员,学校的培养以专业运动员为目标,如果被淘汰,则转为学历教育。

2. 学校足球发展现状

韩国对于学校足球尤为重视,为了促进学校足球的发展,韩国政府制定了一系列政策,从而使得韩国足球运动不断普及,得到了快速发展。如今,学校足球是青少年足球后备人才培养的重要形式。韩国已形成了完善的小学、中学、高中、大学"一条龙"的学校足球后备人才培养体系。学校足球是韩国职业俱乐部的后备人才的主要来源,其为韩国职业足球队提供了稳定的人才储备库。

3. 选拔与培养体系

韩国足球后备人才队伍采用半读半训制和走训制,学校足球队采用前者,各类业余足球俱乐部采用后者。青少年足球运动员充分利用课余时间和周末、假期等来进行足球训练,并参加足协举办的青少年足球俱乐部联赛。

在韩国的青少年足球训练和比赛过程中,不会对学生足球运动员的文化课学习产生影响,这是韩国青少年足球训练的指导思想。韩国对青少年的基本技术训练较为注重,在其训练时避免以成绩为主的成人化和专业化训练。不同年龄组的学生其训练的标准和要求也不同,在进行训练时,青少年的足球水平按照客观规律而逐步提高。整体而言，淡化比赛成绩，把培养高水平优秀足球后备人才的目标放在首位是足球运动员培养的核心。

总之，韩国这种青少年足球后备人才选拔与培养的政策对韩国足球运动的发展具有积极的推动作用。

二、我国青少年足球人才选拔与培养的现状与问题

（一）我国青少年足球人才选拔与培养的现状

一般来说，我国青少年足球人才的培养大致经历了两个阶段，即职业化改革前阶段和足球职业化阶段。在足球职业化改革之前，我国青少年足球人才的培养一直由地方传统项目学校—业余体校—体工大队模式占主导地位；而在 1994 年，我国足球进入职业化以后，我国青少年足球人才的培养逐渐转变成了以职业俱乐部梯队和足球学校为主体的培养模式。

发展到现在，我国青少年足球人才培养的模式主要是以职业足球俱乐部的后备梯队和足球学校培养为主，在这样的形势下，以前足球传统项目学校的培养作用逐渐减弱。在我国足球进入职业化后，在一定程度上忽视了学校足球或者说“体教结合”培养模式的重要性，对我国足球运动的长远发展是非常不利的。

目前，我国足球正处于职业化发展的初期，各俱乐部的后备力量培养体制都不完善，青少年足球人才资源出现匮乏的局面。不可否认，足球学校是青少年足球人才培养的重要组成部分，但却不是最基础且承担培育一个国家足球人口的部分。虽然它在我国足球职业联赛初期发挥了一定作用，但足球学校在数量急速增长的同时也伴随着其办学条件和培养资质水平的良莠不齐，导致在随后很长的一段时间内数量急剧下降，培养的质量也呈逐年下降的趋势。

究其原因，很重要的一点便是我国实行职业化足球改革的初期，忽视了足球运动的内在发展规律，忽视了青少年身心正常成

长规律，忽视了学校教育在足球运动普及中的基础性作用。将青少年足球运动的普及这一重要任务单纯地交到足球学校身上，忽视了青少年的文化课学习和受教育的必要性以及长期不科学训练造成的直接后果是大部分受训青少年不仅逐渐失去了对于足球运动的兴趣，荒废了自己的学业，没有得到应有的义务教育，面临无文化、无文凭、无出路的“三无”境地；另外，足球学校高额的学费，足球运动低成材率等现状导致足球这一本应普及率很高的大众运动在国内变成了“贵族运动”，抑制了学生家长送孩子上足球学校的想法和青少年从事足球运动的愿望。

综上所述，我国现阶段青少年足球人才培养的主要特征是将足球运动的普及工作直接交给足球学校，忽视了学校足球在培育足球人口上的基础性作用，从而使得我国注册青少年足球人口数量急剧萎缩，足球运动的普及工作得不到资金和政策上的支持，青少年足球人才资源面临枯竭的窘境。进入 2014 年后，中国足协强烈认识到这一点，在上海召开的全国学校体育工作座谈会上，教育部决定从 2014 年起逐步建立健全小学、初中、高中和大学四级足球联赛机制。教育部门还要通过多项举措，力争足球取得重大突破。这对于我国青少年足球人才的培养具有重大的战略意义。

(二)我国青少年足球人才选拔与培养的问题

我国足球运动水平相对较低，青少年足球的选拔与培养体制有待进一步完善，现阶段，我国青少年足球人才选拔与培养过程中存在如下几方面问题。

1. 中国的足球竞赛与选拔机制不健全

国家队以及中超、中甲联赛是中国足协工作的重点。除此之外，其他固定的联赛与杯赛，尤其是青少年同年龄段的联赛非常少，从而严重地影响了青少年实战能力的培养，同时也影响了他们训练的积极性和训练质量。而对于校园足球来说，更是无人管理和组织，处于自主发展的状况，因此无法形成不同年龄段的层层选拔和培养机制，严重地影响了青少年人才的选拔与培养，使许多有发展前途的青少年流失。

我国足球协会对青少年足球发展不够重视，尤其是广大中小学的足球，基本上处在无统一管理的自发状态下。除此之外，我国的足球学校在组织管理上存在一定的问题，阻碍了优秀足球队员的培养与输送，在很大程度上浪费了大批优秀人才。由此可以看出，我国当前还没有真正形成“金字塔”型的发展模式，这影响了我国足球运动的发展。

2. 缺乏科学的理论指导

现阶段，我国足球青少年后备人才选拔与培养的普及面积小并且规模面积也较小，成材率不高，质量不高。缺乏科学的理论指导是造成这一现象的根本原因之一。

缺乏科学的理论指导，青少年足球后备人才培养的战略难以确立，发展方向不明确，从而阻碍足球运动水平的提高。其表现在组织、实施青少年后备人才培养工作中，指导思想不明确；判断、驾驭形势变化能力不强；工作思路混乱，急功近利，缺乏科学系统的中长期发展规划；组织落实结构无序，难以到位。

在科学的理论指导下，应该依据中国足球运动发展的需求，将青少年全面发展的教育规律，青少年足球运动员成长的规律，市场经济的规律有机地结合起来，而不是机械地叠加。探索、总结具有中国特色的既有一定的科学文化知识水平的，能够适应社会发展趋势的，又具备一定的竞技运动水平的，适合中国足球运动发展需求的青少年足球后备人才培养的基本规律。

3. 训练理念相对落后

近年来，为了促进我国足球运动水平的提高，我国采取了一系列的改革措施，但是效果并不明显。我国学过德国风格、巴西风格、英格兰风格、荷兰风格，但这些都仅仅是在某个国字号球队、职业俱乐部、足球学校进行的试验性质的小规模尝试，但都没有结合自己的实际与特点，形成具有中国特色的足球运动训练理念。加上教练员的执教水平偏低，缺乏系统的基础理论学习与专业培训，培养理念与训练理念落后，最终导致青少年后备足球人才成材率低，质量不高。

4. 没有建立起科学有效的"多元化"培养体系

20 世纪 90 年代掀起的我国足球职业化改革，一开始就忽视了继承、改造原有的"举国体制"后备人才培养体系的问题，简单地把青少年后备人才培养的任务交给了市场和社会，丢失了政府应尽的责任和主导地位。导致几十年艰难积累的"举国体制"的后备人才培养体系消退殆尽，失去了青少年后备人才培养最为重要的主渠道，没有认清市场力量迅速投入足球的真正动机和随时可能爆发的潜在的市场失灵的破坏力；放弃了给予学校足球足够的关注与必要的扶持。

由此，造成了青少年足球培养体系资源无人配置；培养主体各自为政，各行其道的无序、失效的结构，最终导致了青少年后备人才培养普及面小，规模锐减，成材率低，质量不高的局面。

5. 教练员执教水平不高

通过对我国青少年足球教练员与国外足球教练员的对比发现，在教练员的执教水平方面，我国与国外足球强国存在着较大的差距。很长一段时间以来，中国足协缺少对青少年足球教练员的培训计划，对其培训工作不够重视，与青少年足球教练员相关的培训制度也未能建立起来，这在很大程度上制约和影响着我国青少年足球人才的培养。另外，青少年足球教练员的管理体制也很不健全，教练员的水平难以在较短的时间内得到有效的提高。总体来看，我国青少年足球教练员与国外足球强国教练员的差距在于我国的足球教练员缺乏丰富的理论知识，训练手段和方法不科学。总之，其自身的综合素质不够高，这对足球教练员的执教能力起到了一定的阻碍作用。而造成我国青少年足球教练员总体水平不高的主要原因不外乎以下两点：第一，我国足球教练员很少进行专业的训练与比赛，理论知识比较欠缺，文化水平较低，对现代足球发展的认识存在偏颇；第二，缺乏一定的学习和交流的机会，很多教练员缺乏进取心，导致自身水平的提高非常有限。

第二节　青少年足球运动员的选拔体系

一、青少年足球人才选拔的原则

足球运动对运动员各方面具有较高的要求，在选拔青少年足球人才时，需要遵循的原则主要有以下几个方面。

（一）公平公开原则

青少年足球运动人才的选拔，公平公正是其重要的基础，具体而言，在进行青少年足球人才选拔时，选拔的方法必须建立在公平公开原则的基础之上，人才选拔过程应由主持公道、公正无私的人来负责。同时，在足球人才选拔过程中要注重选材标准的客观性，要做到实事求是，择优选用。

青少年足球人才的选拔是一项非常严肃认真的工作，只有做到公平合理，才能分辨出“英才”和“庸才”，才能真正做到择优录用，从而杜绝埋没人才、“任人唯亲”等现象。实践证明，只有在选材工作中遵循公平公开的原则，才能使足球人才选拔的准确、合理得到有力的保证。

（二）德才兼备原则

所谓德才兼备原则，就是指在进行青少年足球人才的选拔时，要注重人才的综合素质，不能只注重其身体条件和技术水平，还应注重其心理、道德方面。

对于青少年足球人才的选拔而言，“才”是选拔的必备条件，即为其专业素质，包括其运动能力、身体发育状况、生理机能、足球技战术水平等方面。在进行选材时，要求足球选材工作者应选用那些具备与提高足球专项成绩相关的重要指标进行系统的选材。

在进行青少年足球人才的选拔时，“德”也是选拔的重要方面，是选拔人才的重要前提，其包括运动员的品德素质、政治标准等方面。如果运动员只具有相应的“才”，而没有“德”，则不能选用。在选材时，如果不注重这一原则，可能会使付出较大的精力和很多资源培养出的运动员最后不能为我所用，从而不利于我国足球运动的发展。

（三）有利发展原则

所谓有利发展原则，是指足球的科学选材应该对于我国整个竞技足球运动的发展都是有利的。足球运动的竞争归根结底就是足球人才之间的竞争，人才是足球运动发展的重要影响因素，决定了足球运动的发展水平。因此，足球人才选拔应为本国足球运动事业的发展奠定良好的基础。

在进行足球人才的选拔时，足球选拔工作的管理者应注重有利发展原则的贯彻。具体而言，在进行人才选拔时，应对整个运动队未来的发展以及我国整个足球运动未来的发展进行充分的考虑。在人才选拔时，应明确选用什么样的人才，引进人才的比例等方面的内容。通过将足球人才的选择放入整个足球运动的宏观计划中去，可以使足球运动后备人才的选择更加明确、具体和具有针对性，对于人才的选拔也更有利。

（四）注重潜力原则

注重潜力原则是足球运动人才选拔的重要原则，在进行人才选拔时，应注重人才的发展潜力，而不应只注重人才的目前发展状态。如果不注重其未来发展的潜力的选拔，可能一些发育较快，但是能力有限的运动员会被选用，这不利于足球运动的长期发展。因此，在人才选拔时，应对其未来几年的足球运动生涯过程中潜在足球运动能力的发展预测引起高度的重视。因此，在选材过程中遵循注重潜力的原则是对足球人才选拔工作负责的表现。

足球人才的未来发展空间较大，潜力是足球运动员未来发展最重要的条件之一，足球运动员具有较大的发展潜力，则其未来能够取得的成就就可能较大。

注重潜力原则要求选材人员在具体的足球人才选材工作中，立足于现在，眼光长远，注意发现和挖掘具有潜力的人才，只有这样，才能为我国足球运动未来的持续发展奠定良好的基础。

(五)年龄为重原则

足球运动人才的成长不是一蹴而就的，一名优秀的足球运动员从开始培训到成长成熟，一般需要十几年的时间，对于任何一名天才足球运动员来说，其成长都要经过系统、科学、长期的刻苦训练。但儿童青少年的生长发育过程不是等速增长的，而是呈现出时快时慢、波浪式向前发展的特点。儿童青少年的生长发育除了受生物年龄因素的影响，还受运动年龄的影响。因此，只有正确区别不同青少年运动员的发育程度特点，才能避免在选材中只重视选拔那些发育程度偏早、运动能力提早出现的运动员，而将那些“大器晚成”的运动员排斥在外的选材误区的出现。

(六)注重遗传原则

所谓遗传，就是指子代和亲代在特征、症状上相似的现象，通过遗传作用，生物体实现了在世间的延续。而变异则是子代和亲代在特征性状方面的差异性现象。遗传与变异普遍存在于生物界，是生命活动的重要特征之一，正是其在遗传和变异的作用下，生物实现了进化。没有遗传，变异不能积累，生物也不能进化。

组成人体运动能力的性状受到遗传因素的影响，因此遗传对于足球运动员的选材具有重要的意义。从遗传的规律出发，对足球运动员的先天条件进行分析、甄选，能够发现潜在的优秀足球运动员。

遗传因素在个体生理上的表现具有连续性、相关性和阶段性。首先，遗传的连续性表现为，父母的某些特征会体现在子女身上，子女的这些特征会继续遗传给他们的子女，子女具有和父母辈50%的遗传率；其次，遗传因素还表现出一定的相关性，如身材高的人一般足和手都较长；最后，遗传还表现出阶段性，如个体的运动能力受各种因素的影响，都有其各自的敏感期和最佳发展期，充分利用该时期进行训练可达到事半功倍的效果。这三个方面之间是相互联系、相互作用和相互促进的，因此，要想选出具有发展潜能的足球人才，就必须在选材中遵循遗传的基本规律，从而使预测的效果得到有效提高。

（七）符合专项原则

以足球运动专项运动的特点为主要依据来对足球人才进行选拔，是足球选材的根本依据和基本要求，只有以足球专项运动的特点为依据进行科学的选材，才能将与足球运动要求的专业人才选拔出来。对足球运动员的专项能力进行选拔、鉴定和预测是运动员选材的重要内容。为了提高运动训练选材的成功率，应对运动员进行体格检查和各种运动素质的测评，实现选材的科学化水平不断提高。

在需求人才的选拔过程中，要对该项目在体能、技术、战术、心理、智能方面的特定要求进行充分的考虑。在足球运动比赛中，足球运动员需要经常做5～7米的起动跑，10～30米距离的冲刺跑，以及频繁地改变运动方向以应付比赛过程中的各种突变情况，达到控球目的。因此，足球运动要求足球运动员必须具备良好的起动速度、反应速度和灵敏素质，这就要求教练员在选材过程中对运动员在这些方面的能力引起高度的重视，要有针对性、有侧重点地进行选材。

二、青少年足球人才选拔的指标

青少年足球人才选拔的指标有很多，下面就对几种较为主要的指标进行详细的分析。

(一)遗传力指标

遗传力选材法是指通过对组成运动能力的性状的遗传力的研究，结合对备选对象直系或旁系亲属有关性状的了解，评定运动员在某方面运动能力的方法。遗传力选材方法主要用于最佳选材指标的优选。一般应选那些与专项关系密切而遗传力又较大的指标作为最后确定的专项选择指标。因为这些指标今后改变的可能性较小，预测的准确性较高。

组成人体运动能力的大多数运动能力是以多基因遗传方式进行遗传的，可根据其基因性状遗传外显度的大小、对亲属有关性状的观察和检测来评定运动员在某一方面的运动能力的潜能。表型变异可用表型方差(VP)来表示，遗传变异用遗传方差(VG)表示，环境变异用环境方差(VE)表示，则 VP＝VG＋VE。遗传力(H)就是遗传方差与表型方差中所占的比例，其计算公式为：

$$H=\frac{VG}{VP}\times 100\%=\frac{VG}{VG+VE}\times 100\%$$

当环境方差较小时，遗传力较高，其形状传给子孙后代的可能性就较高。遗传力的大小可衡量亲代与子孙的遗传程度。

1. 体型特征的遗传力

与运动能力密切的体表性状包括体长、体围、体宽等方面，其具体的遗传力如表 4-1 所示。

表 4-1　体型主要指标的遗传力

指标	遗传力	指标	遗传力	指标	遗传力	指标	遗传力
身高	男 85 女 92	头宽	男 95 女 76	腿围	男 60 女 65	心脏形状	82
坐高	85	肩宽	男 77 女 70	头围	男 90 女 72	肺面积	52
臂长	男 80 女 87	腰宽	男 79 女 63	胸围	男 54 女 55	胸廓形状	90
腿长	男 77 女 92	盆宽	男 75 女 85	臂围	男 65 女 60	膈肌形状	83
足长	82	体重	男 63 女 42	去脂体重	男 87 女 78		

2. 生理、生化指标的遗传度

运动能力受生理、生化功能水平的直接影响，其各方面的遗传力如表 4-2 所示。

表 4-2　生理、生化指标的遗传力

指标	遗传力	指标	遗传力	指标	遗传力	指标	遗传力
最大心率	86	血型	100	CP、ATP	78	血红蛋白	90
安静心率	33	肺通气量	73	线粒体	81	血清睾酮	男 78 女 91
无氧阈	50	血压	42	磷酸肌酸	78	红白肌纤维比例	80
最大吸氧量	93	中枢神经灵活性	90	血乳酸浓度	70	肌红蛋白	73

3. 运动素质的遗传力

运动素质的遗传力如表 4-3 所示。

表 4-3　运动素质的遗传力

指标	遗传力	指标	遗传力	指标	遗传力	指标	遗传力
反应速度	75	反应时	86	无氧耐力	85	立定跳远	11
动作速度	50	绝对肌力	35	有氧耐力	70	50 米快跑	78
位移速度	30	相对肌力	64	柔韧性	70	背肌力	49

4. 心理能力与个性特征的遗传力

心理能力与个性特征遗传力如表 4-4 所示。

表 4-4　心理能力与个性特征的遗传力

指标	遗传力	指标	遗传力	指标	遗传力	指标	遗传力
基本情绪	75	心理状态	60	好奇心	87	判断的果断性	96
柔顺性	91	意志韧性	77	智力	70	对反对的抵抗	95
活力	79	记忆力	62	冲动协调	86	意志坚韧性	83
思考能力	72	运动冲动	90			对矛盾的反应	80

(二)生理功能指标

足球运动员需要具有较强的心血管功能，呼吸系统的功能也要较强，另外，其还需要具有良好的感知觉能力。下面对这几方面进行分析。

1. 心血管功能指标

(1)心率。心脏周期性机械活动的频率，就是所谓的心率，也就是每分心搏次数。在运动选材中，也可用动脉脉搏测试替代。以机体生长发育的基本规律为依据，心率会随着年龄的增长而递减。

(2)血压。血管内的血液在单位面积内对血管壁的侧压力，就是所谓的血压。一般地，测量的为动脉血压。运动员选材与训练有着非常紧密的联系，在进行血压检测时，也要注意心血管功能。

(3)心功能。心功能指数是指对心脏功能符合的一种功能测试,心功能指数越小,表明心脏功能越好。足球运动属于运动强度较大的运动,对机体有氧和无氧耐力要求较高,因此对运动员的心功能有较高的要求,这也是取得更好成绩的重要条件之一。

2. 呼吸功能指标

与足球专项紧密相关的呼吸功能指标主要有肺活量和最大摄氧量两个。

(1)肺活量。不限时间地一次性尽力吸气后,再尽最大力量呼出的气体总量,就是所谓的肺活量,其是肺通气量的基础,能够将个体的呼吸肌力量和呼吸器官发育状况反映出来。肺活量受遗传的因素较小,可通过后天的训练而改变。因此,在足球人才的选拔中对肺活量的测量可放宽要求,只要处于正常值便可。一般地,肺活量与年龄呈正相关关系。

(2)最大摄氧量。在运动强度不断增长而吸氧量保持不变的情况下,机体一分钟内消耗的氧气数量,就是所谓的最大摄氧量。其能够将个体吸进氧、运输氧和利用氧的能力反映出来,能够作为重要指标来对人体有氧工作能力进行评定。一般情况下,最大吸氧量越高,有氧代谢能力就越强。最大吸氧量对许多运动项目运动成绩起到重要的决定性作用,这一作用在足球运动中也是如此。

3. 感知觉功能指标

感知觉功能的好坏会对运动员的运动水平和成绩产生直接的影响,因此,在足球人才选拔中一定要对此指标引起重视。感知觉功能指标主要包括以下几个方面。

(1)视觉。遗传因素会对视觉产生一定的影响,色盲为单基因遗传,与生俱来。在足球选材中,要将有色盲和视力低下的运动员淘汰。另外,对运动员的立体视觉也有一定要求。因为其能够将远距离视觉平衡能力反映出来，对足球运动员精细、准确地判断人与球的空间关系和距离具有重要作用。

（2）动作频率感觉。动作频率感觉能够将运动员摆臂与抬腿的动作频率感觉及最高动作频率反映出来。在足球运动员选材中，测试动作频率感觉时要注意记录摆臂、摆腿的最高频率及复制误差，频率越高，误差越小，说明运动员的动作频率感越强。

（3）臂、腿动觉。臂、腿动觉能够将运动员臂、腿本体感觉的准确性反映出来，对于足球运动来说，臂、腿动觉是非常重要的，拥有良好的本体感觉对学习运动技术技能有着非常重要的作用，越是优秀的运动员，其本体感觉越准确。

（三）身体素质指标

在足球人才选拔中，受选对象的运动素质的测评指标主要有以下几个方面。

1. 力量素质指标

足球运动对运动员的爆发力有着较高的要求，因此爆发力是选材的重要指标之一。已经开始张力增加的肌肉继续以最短的时间发挥肌肉力量的能力，就是所谓的爆发力。个体的力量素质和速度素质是爆发力的重要决定性因素。因此，这就要求在进行足球运动员力量素质选材时，将力量素质与所选对象的发育程度有机结合起来，选择发育程度小、力量素质好的运动员。

2. 速度素质指标

在足球运动中，速度在一定程度上影响着运动成绩。

反应速度与人体神经系统反应速度与肌肉系统的骨骼肌纤维的类型有密切关系，受遗传因素的影响较大，通过后天训练不易被改变。可通过简单反应时测试对反应速度进行测试。一般地，在足球选材中，反应时越短越好。

在足球运动中，运动员的动作速度的快慢也会对运动成绩产生重要影响，是测试速度的重要指标。测定动作速度需要配备专门的仪器，如无专门仪器测试，可让受测者在一个较短的规定时间内，连续反复做一个动作，记录下在规定时间内的动作次数，就可以测出动作速度。

3. 耐力素质指标

当前，足球运动对运动员的耐力素质有着很高的要求，在足球选材中，耐力素质的常用测试方法主要有以下两种。

(1)定距离计时跑。具体的测试方法有 400 米(50 米×8 次往返)跑和 800 米跑、1 500 米跑三种。

(2)定时计距离跑。定时计距离跑具体是指在规定时间内尽可能跑较长的距离。常用的测试方法有 9 分钟跑、12 分钟跑、15 分钟跑等。

4. 柔韧素质指标

柔韧性的测试方法有很多，以足、髋柔韧性测试为例，常用测试方法有三种，即足关节背屈角度、足关节跖屈角度以及髋关节柔韧性。

(1)足关节背屈角度：能够将小腿后方和足底跖屈肌群(腓肠肌)与跟腱被拉伸能力反映出来。测试时，选择一块较平整的墙壁，准备一个关节活动度测角规(测角器)。测试开始后，受测者面墙而立，脚跟着地，身体前倾，目平视，直臂撑墙，掌心贴紧墙面，脚与墙之间的水平距离尽可能延长，身体保持正直，两膝伸直，脚跟不得离地，测角规一根尺面与地面、足底平行，另一根尺面与腓骨平行。测试人员读取和记录两腿测角规(腓骨与地面间)背屈角度数值，得出平均值。背屈度数越小越好。

(2)足关节跖屈角度：能够将小腿前方(胫骨前肌等)和足背伸肌群肌腱被拉伸能力反映出来。测试时，受测者赤足坐在地上，先尽量伸直右腿，用力绷直足背，测角规一根尺面与腓骨平行，另一根尺面与足背最高处(即：第二跖骨最高处)平行，上体正直稍后仰，双手撑地，保持身体平衡，测试腿尽力伸直。测试人员分别记录两腿（外踝尖延伸至腓骨头）跖屈数值，取其平均值，夹角度数越大越好。

(3)髋关节柔韧性：能够将髋关节伸展能力反映出来。测试时，受测者两腿前后或左右缓慢分开，尽量使劈叉的双腿分叉处接近地面，两腿向远离身体方向伸出。测量股骨大转子尖至地面的垂直距离，纵横劈叉距离越短，说明髋关节柔韧性越好。

(四)技术技能指标

在技术技能指标方面，是需要通过以下测试方法来进行的。

1. 运球过杆（分）

场地器材：运动场上画两条相距 20 米的白线，中间每隔 1～3 米处插 10 根间距不等的杆，两端杆距线 1 米；秒表 1 块。

测量方法：听口令从端线起运球（记时），依次过杆（漏杆补过）。往返运回到端线（人、球到线）（停表）。测 2 次，取最好成绩。

2. 接球传准（分）

场地器材：在足球场上画一条长 5 米的白线。以白线为边，在中段一侧画边长为 3 米的正方形接球区。接球区两边 1 米各画一条与白线垂直的线，与接球区边线构成传球区。另一侧距白线中点 20 米处设标志杆，以杆为中心画半径为 1 米和 2 米的两个同心圆；秒表 1 块。

测量方法：受试者站在接球区内，依次接从接球区对角线延长线四角 5 米处传来的一高（胸部以下）一低（地滚球）球，并迅速带球至传球区踢向标志旗（杆）。打中和落在中心内得 5 分，落在外圈得 3 分，落在圈外不得分。接球后分别向右、左传球区带球一次，用右、左脚各踢一球。每 4 球为一轮，测 3 轮 12 个球。从第一个球进入接球区起计时，到第 12 个球踢出时停表。限时 1

分钟。每超过2秒扣1分。在传球区外踢球扣1分,记总分。

3. 门墙射准(分)

场地器材:在球门墙前画出罚球区及罚球弧,并以球门底线中点为圆心,16.5米为半径在罚球区内划弧。

测量方法:在罚球弧线外侧放4个球,罚球区两角弧线后各放3个球。受试者射完10个球(左、右脚各5个),记录总得分。

4. 持球踢准(分)

场地器材:在标准足球场的中圈里加画一个直径5米的圆,在两边线和中线相交的两角分别画出长5米和8米的两个正方形。

测量方法:守门员持球在罚球区内,向左、右后场两正方形内各踢3个球,向中圈内踢4个球。球落点在小方形及小圆内得3分,落在小方形外、大方形内及小圆外大圆内得2分,落在场内得1分,场外0分,记录总得分。

5. 守定点球射门(%)

场地器材:标准足球场。以球门底线中点为圆心,16.5米为半径在罚球区内划弧。

测量方法:在罚球弧及罚球区内两角弧线后各放5个球,按计时员每隔3秒所发出的口令依次用各种力量、角度、脚法射门,守门员接球后从左右两侧抛出。计算防守成功率。由教练员对射手射门的平均质量作出优、良、中、差评定,分别对防守成功率乘以1、0.9、0.8、0.7。最后记录守定点射门成功的百分率。

(五)战术意识指标

对受选对象的战术意识的评估可根据比赛综合表现进行(表4-5)。

表 4-5 各年龄组运动员比赛综合表现模块评估❶

类别		U-10 启蒙组	U-13 初级组	U-15 发展组	U-17 提高组	U-19 高级组
进攻表现	有球进攻表现	• 5 人制或 7 人制足球赛	• 5 人制、7 人制或 9 人制、11 人制比赛	• 5 人制、7 人制或 9 人制、11 人制比赛 • 9 人制角球攻守	• 5 人制、7 人制或 9 人制、11 人制比赛 • 9 人制角球攻守	• 5 人制、7 人制或 9 人制、11 人制比赛 • 9 人制角球攻守
	无球进攻表现	• 5 人制或 7 人制足球赛	• 5 人制、7 人制或 9 人制、11 人制比赛	• 5 人制、7 人制或 9 人制、11 人制比赛 • 9 人制角球攻守	• 5 人制、7 人制或 9 人制、11 人制比赛 • 9 人制角球攻守	• 5 人制、7 人制或 9 人制、11 人制比赛 • 9 人制角球攻守
防守表现	盯人防守表现	• 5 人制或 7 人制足球赛	• 5 人制、7 人制或 9 人制、11 人制比赛	• 5 人制、7 人制或 9 人制、11 人制比赛 • 9 人制角球攻守	• 5 人制、7 人制或 9 人制、11 人制比赛 • 9 人制角球攻守	• 5 人制、7 人制或 9 人制、11 人制比赛 • 9 人制角球攻守
	区域防守表现	• 5 人制或 7 人制足球赛	• 5 人制、7 人制或 9 人制、11 人制比赛	• 5 人制、7 人制或 9 人制、11 人制比赛 • 9 人制角球攻守	• 5 人制、7 人制或 9 人制、11 人制比赛 • 9 人制角球攻守	• 5 人制、7 人制或 9 人制、11 人制比赛 • 9 人制角球攻守

❶ 刘丹，赵刚．青少年足球训练纲要与教法指导[M]．北京：人民体育出版社，2011.

(六)心理素质指标

运动心理选材是运动现代心理学和运动心理学的相关理论、方法和手段,并结合竞技运动的相关理论来选拔运动员的重要方法。心理选材方法是运动员选材体系的重要组成部分。在运动竞赛过程中,运动员的体能、技战术等方面的情况对于其运动成绩的影响显而易见,但是其心理能力也同样较为重要。在运动过程中,心理能力具有如下特点。

其一,运用环境的特殊性,运动员的心理技能必须运用到具体的比赛中,其运用环境具有一定的特殊性,在高强度、高对抗的条件下,运动心理技能才能发挥其最佳的作用。运动员在比赛过程中需要的心理技能包括较高的动机水平、良好的唤醒水平以及更高的自信心等。

其二,运用需要的全面性,运动员参加比赛的环境中有很多不确定的因素,这些因素的变化均会造成运动员心理产生波动,从而使比赛陷入被动。因此,一名优秀的运动员需要同时具备多种心理技能才能更好地应对比赛中出现的各种突发事件,在比赛中才能有更出色的表现。

优秀运动员的成长因素是多方面的,不仅需要运动员在各项体能和技能的基础之上,其还需要具有发挥各种优势的心理能力。心理活动对于运动员的活动起到调节、控制和主导的作用。足球人才选拔的心理运动能力主要根据以下几个方面来进行判断。

(1)操纵准确度:指受试者用手、臂或脚快速、准确完成较大任务的能力。

(2)反应时:反应时指机体对某个刺激快速做出反应的能力,通过对运动员预先确定的信号举起一只手指可以测量其反应时。反应时的长短能够将运动员的起动反应能力反映出来。

(3)上下肢协调性:足球运动员良好运动能力的基础,足球运动中很多技能的形成和完成都需要这种能力的参与。

(4)四肢动作速度：指要求臀部和腿部尽快地做出大动作的能力，它和反应时没有直接关系，是足球运动员在比赛中实施断球的基础。

(5)眼手协调性：足球运动性质要求守门员应具备较好的眼手协调能力，以便于在比赛中扑接各种来球。

(6)操作思维：通过操作思维测试评价运动员的操作思维敏捷性。

(7)注意广度：足球运动场地比其他任何球类运动项目的场地面积都大，而且场上运动员人数较多，这就要求运动员必须具有良好的注意广度水平，时刻注意场上人、球的变化。

第三节　青少年足球运动员的培养体系

一、当前形势下"多元化"的足球培养模式

(一)职业俱乐部模式

职业足球俱乐部的建立是竞技体育高度发展的产物，职业足球俱乐部能够根据青少年身心发展的特点及规律、教育规律、训练规律和市场规律等，充分发挥其专业优势，将青少年足球运动员培养成为德、智、体、美全面发展和具备高水平竞技能力的足球人才，这种特殊的教育过程就是职业俱乐部后备梯队模式。以前的职业俱乐部培养模式主要由国家出资培养，而现在则是由企业出资或企业与个人共同出资培养，这是其最大变化。目前的职业足球俱乐部培养模式，职业足球俱乐部是培养主体，性质为企业法人，在培养过程中引入了市场元素，由此引发了培养体制根本性的变化。

职业俱乐部后备人才培养模式具有鲜明的特点，这主要表现

在以下几个方面：第一，具有优良的训练场地和设施条件，集中了国内优秀的青少年教练员资源；第二，具有充裕的资金保障，训练时间也充足，运动员有较多进入一线队的机会；第三，具有明确的培养目标，较高的职业风险，较多的参赛机会，生源的专项能力较强，较完善的后勤保障，较完整的梯队建制等。另外，职业体育俱乐部还实行企业化的管理模式，对人才的培养具有重要的意义。

一般来说，职业体育俱乐部的人才培养是一个特殊的教育过程。在指导思想上，既要针对青少年身心发展的特点，遵循全面发展的教育规律，安排好他们的文化教育学习；又要按照青少年足球运动员成长的规律，充分发挥职业足球俱乐部特色鲜明、专业性强的专业优势，科学、合理地安排运动训练与竞赛；同时还要积极适应市场经济规律，积极营造、形成良性的行业内部竞争机制。

（二）体育局系统各级青少年足球人才培养模式

这种培养模式主要是由各省、市体育局出资举办并负责管理的，由当地足球运动管理中心（足协）具体组织实施。以全运会、城运会、省运会比赛为目标，运动员培训以全运会、城运会、省运会规定年龄段为标准，主要在本地区的青少年体校、足球重点中学和业余青少年足球俱乐部中选拔、组队，进行训练和比赛的集中管理。

为进一步引导和鼓励各级政府重视青少年足球人才的培养，2009 年第 11 届全运会，决定增设男、女乙组足球比赛，金牌总数达到 7 枚。这一举措极大地调动了各级政府的积极性和能动性。许多省、直辖市、自治区已开始着手制定相关政策，研究和落实组织机构、人员编制、经费等方面的具体方案与措施，重塑政府在青少年足球人才培养上的主导地位。

（三）社会力量兴办的青少年足球培训模式

社会力量兴办的青少年足球培训模式主要是指由个人、企业

(非职业足球俱乐部)、社会团体出资兴办的青少年足球培训体系。以“走训制”为基本依据,这一模式又可分为学习、训练、生活三集中的社会力量办(民办)足球学校和依托普通中小学、公共体育场馆、赢利性体育场馆等,利用课余时间或假期进行业余青少年足球训练的各种形式的青少年业余足球俱乐部。无论是足球学校,还是青少年业余俱乐部,都必须在当地教育、体育(足协)、民政管理部门登记注册,取得社会力量办学资质。

(四)学校足球模式

学校足球是指由政府投资,或由社会力量兴办的,隶属于各级教育行政管理部门的“九年义务制”中小学和高中学历教育的高级中学中开展的青少年学生足球运动。这一模式对足球人才的培养和输出具有重要的作用。

学校足球模式,贯彻素质教育思想和全面发展的方针,以学习为主,坚持业余训练的原则,有些已将足球纳入校本课程体系,把开展足球活动作为学校体育工作计划和共青团、少先队体育活动的一项内容;组建了班级、年级或校级运动队;开展了多种形式的班级、年级或校级间的足球竞赛,为在中小学普及足球运动,扩大青少年足球规模,起到了积极的推动作用。

目前,开展学校足球的中小学,绝大多数都是原“三级”青少年培训体制中市、县二级体校的布点学校或足球传统项目学校。这些学校为当地、国家培养输送了大量的足球专业人才。

二、我国青少年足球人才培养的要求

在青少年足球人才的培养过程中,应注意以下几方面要求。

(一)制定明确、切实可行的培养目标

在制订足球培养计划之前,首先要制定一个切实可行的培养目标,培养目标的确立要符合青少年足球运动员的具体实际,既

不能过高也不能过低，是要运动员通过自己的努力能实现的。在培养青少年足球运动员的过程中，教练员要对每名运动员制定一个明确而符合实际的培养目标。这是因为每名球员都存在着较大的差异，参与足球运动的想法和动机不同，训练的水平和身体素质也不同。例如，有些青少年运动员是因为对足球的兴趣参加的，有些可能是因为在父母的要求下参加的。无论是哪种原因，一旦成为运动员，教练员就有责任帮助他们制定和实现既定的目标。

另外，足球运动员在生理和心理上也存在着较大的差异，这就要求教练员在进行训练时，要设计出适合运动员训练的体系，并注意不同年龄阶段运动员训练的内容和要求，无论是对哪一个年龄阶段的运动员进行训练，在安排和培养目标上都要有针对性。足球教练员在教学过程中，要采用多种方法，结合运动员自身的特点进行训练。

（二）创造轻松有趣的训练氛围

在青少年足球运动员训练的过程中，教练员要密切关注运动员的兴趣，努力为其创造一个良好的训练氛围，以提高运动员训练的积极性。在青少年足球训练的早期阶段，教练员应该明白不要过早地固定其场上的位置。这一阶段的训练应该是了解和熟悉场上所有的位置。在实际训练中，教练员在设计训练项目时要特别用心，要将运动员的各种因素考虑在内。

对青少年足球运动员的培养，不要过分追求最终的比赛成绩和结果，而是重点观察运动员在球场上的实际表现。教练员应该对青少年运动员的训练给予积极、鼓励的态度，为他们创造一个轻松的足球训练氛围，这样对其技战术水平的提高和综合素质的发展具有重要的意义。

（三）提高教练员的专业水平

要想提高青少年足球运动员的训练水平，教练员首先就要具备全面而丰富的足球知识和足球专业水平，这就需要建立一个教练员培训部门，对教练员进行系统的、正规的培训和管理，只有达到合格标准的教练员才能保证足球训练工作的质量。教练员要充分利用培训的机会，掌握足球训练的技术动作教学与示范方法，进一步提高自身的专业水平和教学能力。

（四）提高教练员的观察力和思考能力

在培养青少年足球运动员的过程中，教练员还需要注意提高自己的观察能力和思考能力，从而逐步提升自己的执教能力。教练员要选择适合青少年足球运动员身心发展特点的练习活动，每开始进行一个新的练习，都要仔细观察队员们对这项练习的反应、难易程度和强度大小等情况。通过多方面的观察，进一步提高自身的思考能力，能真正地发现足球训练中存在的问题，并能尽量去改善练习，以达到更好的训练效果。另外，教练员还要结合运动员的具体实际，设计出一套有效的训练方案，以激起青少年运动员参加训练的兴趣，进而提高其足球技术水平。

（五）渐进性、系统性和规律性

对于新鲜事物的学习一般都会本着循序渐进的原则进行。像技战术这样较为复杂的足球运动的教学就更应如此，足球运动的教学实质上也是一个渐进的、系统的过程。这个过程一方面体现在教师在足球教学中应按照科学训练的规律，使教学内容由易到难，足球练习方法和组织形式由简到繁，足球运动负荷由小到大地发展；另一方面，足球教学中的各种技战术应是环环相扣、紧密衔接的，它是由规律的不同周期组成，一个周期又可以分为不同阶段，各周期和阶段的教学和训练任务不同，教师在教学和训练中应注意各周期各阶段内容的互相关联和承接。

(1)教学内容由易到难。以学习足球传球技术为例，可先从脚弓传球开始，并从传地滚球开始，在此基础上再学习其他部位的传球技术，进而进行长传球与过顶球技术的教学。

(2)练习手段和组织方式由简到繁。在足球技战术练习中,可先让学生从模仿练习开始,然后独立实践,再到局部对抗,最后进行整体训练。

(3)对抗程度由弱到强。足球的技术练习必须由无对抗到有对抗,由弱对抗到强对抗,最后进行实战接受检验。

(4)运动负荷由小到大。运动负荷的安排应当呈波浪式地逐渐加大,在组织训练时,教师要注意处理好负荷与恢复的关系。

(5)教学与训练要有系统性。足球教学与训练是由不同周期、不同阶段、不同任务组成的过程,系统的教学与训练能积极、有效、科学地提高学生的技战术水平。

规律是客观存在的,世界上万事万物都有规律,足球教学与训练中要严格遵守客观规律,尤其是足球运动技战术的发展规律。随着时代的发展和社会的进步,现代足球运动有了新的发展,体现出了一定的特征,现代足球的教学与训练要以现代足球的特征为依据,并着眼于足球的未来发展,对教学与训练进行科学的规划,使其与现实需求相适应,与世界足球的发展趋势同步。

现代足球对球员的要求越来越高,对基本配合、交流和沟通的要求也大大提高,因此对于足球运动员来说,不仅要具备专门的足球技巧,更要具备全面的运动能力。因此,在开展足球时,教练员和教师应培养学生牢固的基础和与众不同的思维能力,鼓励其严格按照标准进行运动训练,并根据技战术的日益发展提出的要求,不断丰富足球教学训练的内容。

(六)注重综合性与实战性相结合

足球的综合性,是指在足球教学训练中把技术、战术、体能、心理和智力等各方面有机地结合起来,进行综合性训练,并力求教学训练更贴合实战情境。为了使得学生在足球运动临场比赛时能够良好、顺畅地将技战术应用出来,就需要根据比赛的客观规律与要求制定日常教学内容和教学方法。如足球运动是一项经常存在身体接触和高强度对抗的激烈运动项目，这就需要在日常的教学训练中加入对抗的因素和模拟实战的条件，从而提高练习的实战性。

1. 技术与技术合理搭配

在开展足球运动时，教师和教练员应根据比赛的需要，将不同的足球技术合理地串联和搭配起来组织学生进行练习，并根据学生的水平高低决定技术搭配的多少和难易程度。

2. 技战术与身体素质结合

身体素质是足球技战术运用和发挥的基础。因此，在开展足球时，教师和教练员应科学安排练习的组数、时间、密度、强度和运动量，从而使身体素质与技战术都得到提高。

3. 技战术与意识的结合

意识是足球技战术的灵魂和生命。在足球教学中，教师应根据足球比赛的客观规律来设计和组织练习，加强对学生正确足球意识的培养，使学生提高运用技战术的能力。

4. 技战术与对抗能力的结合

对抗能力是足球技战术运用的根本保证。因此，在足球教学中，教师应根据学生技战术掌握的熟练程度加入适宜的对抗性因素。

5. 在模拟实战中练习技战术

根据循序渐进的教学原则，起初学生接触的足球教学是在没有身体接触和对抗的基础上完成的。而实际上足球运动并不是这样，激烈的身体对抗性是足球运动的本质特点。因此，在学生基本掌握相关运动技术后，教师和教练员就应该适当加入一些身体对抗性练习，或是安排在模拟实战的气氛和状况下的练习，使训练能更好地为比赛服务，提高学生的积极性。

第五章　青少年足球教学与训练体系的建设研究

青少年足球运动员掌握足球理论知识以及学习足球技战术一般都是在足球教学与足球训练这两个重要的活动中实现的。科学有效地开展足球教学与训练对于提高青少年的足球理论与实践素养具有积极的意义。因此，合理构建适合青少年足球运动员身心发展特征的教学与训练体系至关重要，本章就重点对这两个体系的建设进行研究。

第一节　青少年足球教学体系建设

一、青少年足球教学的任务

（一）增强青少年学生的身体素质

从事体育运动，必须有良好的身体素质作为保障，而体育运动反过来又能促进身体素质水平的提高。青少年参与足球运动，在对足球技能加以掌握的同时，也能够促进身体的正常发育，从而促进身体各项素质的全面提高，促进体质的增强。除身体素质得到提高外，青少年的心理健康水平也会不断提高，从而达到身心的和谐统一。

（二）提高青少年学生的足球理论及技能水平

足球理论、足球技术及足球战术是青少年足球教学的三大主要内容。因此，开展足球运动教学活动要使学生对足球运动的基础知识以及足球技术和战术有一个全面的理解与掌握，促进学生足球运动技能的不断提高。在青少年足球教学的三大内容中，足球理论知识是学生掌握技术和战术的依据，而足球技术则是足球战术的基础，可见，足球教学内容之间存在着相互作用、相互统一的关系，它们是一个整体系统，不可分割。

(三)激发青少年学生的创新意识和能力

青少年足球教学中，激发学生的创新意识和创造能力是一个非常重要的任务。从一定程度上来说，足球运动属于创造性活动，青少年学生在对足球运动的技战术进行运用时，其运动能力会表现出鲜明的复杂性、多变性及灵活性特征。所以，必须通过开展足球运动教学活动来发挥其促进学生创新能力增强的作用。

二、青少年足球教学的内容

通过系统地开展青少年足球教学活动，可以使学生对足球技战术理论知识及基本技能有一个清晰的把握。足球教师在对足球教学内容进行选择时，要充分考虑足球教学目标及教学对象的层次。概括而言，足球教学的内容主要包括以下三个方面。

(一)理论知识

足球运动理论知识的教学对学生学习足球技能和参与足球活动实践有重要的指导作用。

目前，我国足球运动的发展已经形成了比较完善的理论与知识体系，其包含的具体内容主要有：足球运动技战术分析，足球运动教学训练理论，足球运动竞赛的组织、规则及裁判法等。青少年学生一定要对足球基本理论知识进行全面的把握，从而为之后学校技战术实践技能奠定基础。

(二)技术动作

在足球运动技能中,技术动作是最基础的内容。技术规格、动作方法要领和技术的运用等是足球运动技术动作的主要内容。在进行足球运动技术动作的教学时,教师应注意多采用示范方法,并且要确保示范动作的规范性,从而促进学生正确技术动作定型的形成。

(三)战术配合

战术配合方法是足球运动教学的重要内容,这主要是由于特定的战术布阵是足球运动集体对抗形成的主要形式,在足球运动竞赛中,战术阵势和战术配合是主要特征。

足球运动教学实践中,两三人的基础配合和全队配合是足球战术配合教学的主要内容。在教学过程中,一方面,教师应通过合理有效的教学方法使学生对人与球移动的路线、攻击点、运用时机及其变化等内容有正确的了解和认识;另一方面,教师还要注意对学生战术配合与协作意识的培养,使学生在足球运动比赛实践中能灵活运用战术配合方法。

三、青少年足球教学的方法

(一)讲解法

作为语言法中的一种主要方法,讲解法在青少年足球运动教学中的运用非常普遍,其具体又包括自陈法、侧重法、概要法、提问法、分段法、联系法和对比法等几类方法。在青少年足球运动教学中,教师通过运用生动、形象、精练的语言来对足球运动技术动作和技战术配合进行讲解,使学生能够基本建立足球运动技战术的概念,并在训练过程中逐步将概念转化为实践。

足球教师在运用讲解法进行教学时,讲解内容要重点突出,并具有清晰的层次，且尽量使用容易被学生理解的词语，如果可以用口诀的形式来讲解一些关键的内容，学生理解及掌握起来就更容易了。此外，教师还要注意语言的清晰性与准确性，从而使学生对足球运动技术动作和动作过程产生深刻的印象。为了使青少年学生能够快速地形成足球技术动力定型，教师还要注意将表象教学及语言教学结合起来使用。

（二）示范法

示范法就是指教师在青少年足球教学中以自身的动作作为足球运动技术动作教学的范例，来对学生的训练进行指导的方法。通过这一教学方法，学生可以基本理解与掌握足球动作的结构、形象、技术要领和完成方法，这对学生正确动作表象的建立具有重要的作用。教师在示范的过程中，要确保示范动作的正确性，以免误导学生，且在动作示范中要增加一定的娱乐元素，以促进学生学习兴趣的提高。另外，单纯采用示范法进行教学难以取得良好的效果，教师要注意将示范法和语言教学法结合起来运用，从而使学生快速掌握与理解足球运动技术动作的结构和特点。

（三）竞赛教学法

青少年学生普遍喜欢争强好胜。在青少年足球运动教学中，教师可以利用学生的这一特点，通过竞赛的形式来开展教学活动，从而对学生的学习行为进行有效的鼓励。竞赛激励教学法在足球运动教学中的运用形式主要有速度竞赛、准确性竞赛等。速度竞赛就是考查青少年学生的速度能力，准确性竞赛就是通过定位球传准、射门踢准等来测试学生的基本素质与技能。

在足球教学大纲中，教学竞赛也是一项重要内容，而且也是教师普遍采用的一种教学形式。根据足球运动教学大纲的规定，可将足球运动教学竞赛划分为三种不同的形式，即针对已经学过的足球运动技术进行复习提高的教学比赛；在简单规则下结合已经学过的足球运动技术进行教学比赛;运用简单的足球运动战术进行教学比赛。此外,在开展这三种形式的教学比赛活动时,还可以具体情况和教学要求为依据来对各种不同形式和要求的半场或全场的教学比赛进行组织。

(四)游戏教学法

游戏教学法是指在青少年足球运动教学中采用游戏的方式使学生对足球运动技术、技能和知识进行学习与掌握的一种教学方法。与传统足球教学方法相比,游戏教学法的主要优势在于,其能够有效地激发学生的学习兴趣,提高学生积极参与足球运动的自觉性。青少年学生在做游戏的过程中能够对足球运动技术、技能加以体会,从而在轻松愉快的氛围中达到教学目的。

在青少年足球运动教学中,教师在对游戏教学法加以运用时,要注意对游戏内容安排的合理性,一般是按照从易到难的主线安排,与传统教学方法中按照单个技术主线安排教学内容相比而言,游戏教学法更具优势。学生在长期的足球运动学习与训练过程中,已经厌烦了枯燥的单个技术动作练习方式,因此会对游戏教学法表现出极大的兴趣。在组织游戏活动的过程中,教师要在适当的时机对学生进行启发和诱导,使其思考如何提高自己的足球技能来争取游戏的胜利,思考练习某项技术是否还有更好的游戏方法,从而促进青少年学生思维能力的加强与技能的不断提高。

四、青少年足球教学的创新模式

(一)分层次教学模式

分层次教学模式是在传统教学模式的基础上通过改进而发展的一种新的教学模式。传统的足球运动教学模式不能有针对性地区别对待不同层次的青少年学生,而分层次教学模式刚好能够对这一缺陷进行弥补。“分层”的教学方法与青少年学生的身心发展特点更符合，与学生的实际情况更贴近，能够对学生学习的积极性进行有效的激发，从而促进足球教学目的的顺利达成与教学效果的不断提高。

分层次教学模式是对“从实际出发”的教学原则严格加以贯彻的典型模式，对于教师进行因材施教具有积极的促进作用。该教学模式在青少年足球教学过程中的利用可以更好地对学生的学习积极性加以调动，使学生积极主动地投入到足球运动的学习中。分层次教学模式对于不同身体素质水平的青少年学生都是较为适用的。对身体素质水平较高的青少年学生来说，他们的动作完成质量与他们良好的身体素质有很大的关系，而且这类学生在足球练习中勇于挑战自我；对于身体素质较差的青少年学生来说，他们所练习的动作应与他们的实际能力相符，有利于对其学习兴趣进行激发。

青少年足球教学中，采用分层次教学模式对青少年学生自信心的建立具有很好的促进作用。在分层教学模式的应用中，同一层次的学生有着相似的身体素质、运动基础素质及足球专业素质，因此基础较差的学生不用担心自己因为素质较差而跟不上教师的教学节奏，也不会产生自卑与恐惧心理。而且，同一层次的学生沟通起来较为容易，在长期的教学中，基础差的学生定能重拾自信，发挥自己的潜能，取得良好的学习成果。

综上所述，青少年足球教学过程中采用分层教学的意义具体表现在以下几个方面。

首先，分层教学模式的运用有利于足球教师更好地组织教学，促进不同层次学生的潜能的充分发挥。

其次，分层教学模式有利于对学生的足球学习兴趣进行激发，促进其学习自觉性的增强，从而为其终身参与足球运动奠定坚实的基础。

最后，教师采用分层教学模式开展足球教学活动，有利于顺利完成教学任务，实现教学目标，提高教学质量。

(二)动式优化型教学模式

1. 动式优化型教学模式构建的内涵

动式优化型教学模式是多种教学模式的优选与组合，具有灵活多样且不固定性，其是在对不同的教学目标和不同的教学内容进行充分考虑的基础上，通过分析学生的不同需求而对相应的众多教学模式进行很好的优选组合，从而形成一种良好的教学模式。在足球教学中所采用的动式优化型体育教学模式是：分层教学模式与课内外一体化教学模式的配套组合，这是在对青少年足球运动教学的特征进行充分分析的基础上得出的结论。

2. 分层教学模式的实施过程

分层教学就是以传统的教学班为基础，在对原足球教学计划继续贯彻的前提下，以不同教学对象的特点为依据来对不同的教学方式和手段加以选用，并对不同的教学难度标准进行设立。以青少年学生的兴趣爱好、性格特征、运动基础、个人意愿及足球技能水平等因素为依据，可将具有相似条件的青少年学生划分为三个教学层次，即休闲组、技能组和竞技组，这三个层次中学生的比例以 2∶3∶1 为宜。划分好层次之后，教师要以各个层次教学对象的实际情况为依据来对教学目标、教学方法和教学内容进行制定与选用(表 5-1)。在采用这种教学模式时，一定要使学生明确一点，划分层次不是为了分出优等生与差等生，各个层次的学生没有优劣之分，只是以学生的个体差异为依据来进行层次划分，只有这样，才能使学生摆脱心理负担，轻松地参与到足球运动的学练中。在一定的区域与时间范围内，每个层次的学生具有相对的稳定性，这样便于对学生学习情况的观察与分析。教师要注意运用发展与联系的观点来对学生进行研究和观察，一旦学生发展意向及实际情况发生了改变，就要对已经制订好的教学计划进行及时的调整或对学生进行重新分层。经过一段时间的分层教学之后，教师要以学生在学习过程中的表现、学习态度、在原有基础上足球技术提高的幅度等为依据来对青少年学生进行考核，根据考核结果，对学生进行新一轮的分层，从而促进不同层次青少年学生的共同进步。

表 5-1　分层教学模式实施过程

分层组别	教学目标	教学方法	教学对象
休闲组	在娱乐休闲的过程中使学生掌握足球技术，提高身体素质，并在学习的过程中使学生体验到成功的快乐，具备基本的足球运动能力，形成良好的锻炼习惯和参与体育的意识	分解教学法 自主教学法 激励教学法 情感教学法 小团队教学法	身体素质、运动能力较差具有个性的学生
技能组	使学生较为熟练地掌握足球技能，并运用该技能进行体育锻炼，提高自身的身体素质，使学生在锻炼的过程中体验到运动的乐趣，掌握锻炼方法，形成积极的学习态度	自主教学法 同步教学法 情感教学法 激励教学法 小团队教学法	有较好身体素质和运动能力，对足球技术有较高要求的学生
竞技组	使学生的足球技术水平和身体素质达到较高的水平，充分体验足球运动的快乐与刺激。具备参加更高级别的足球竞赛，展示学生的自我实现的价值。使学生的骨干带头作用得到充分发挥，进而使自己的能力得到锻炼与提高	团队教学法 自主教学法 竞技教学法 激励教学法 对比教学法	具有体育天赋，对足球技能有更高要求的学生

3. 课内外一体化教学模式的实施过程

课内与课外一体化教学模式指的是充分结合足球课堂教学活动与课外足球活动，将课内与课外、学习与锻炼、专项活动与竞赛活动有针对性地结合起来，从而使学生参与足球学习与训练的时间不断增加，促进学生对更多的足球技能加以掌握，同时使学生的综合素质能够全面提高。教师在结合课内与课外教学时，要对三个不同层次的教学组进行有机考虑，并通过小团队或分散式的形式来对青少年学生的课外足球锻炼内容进行合理安排，真正以学生为主体开展教学，从而激发学生学习的自觉性和主动性。另外，教师还要在不同层次的小组中培养一名体育骨干，使体育骨干带领其他学生进行足球技能的学习，充分发挥其骨干作用。

第二节　青少年足球训练体系建设

一、青少年足球训练的原则

(一)系统性原则

青少年足球训练的系统性原则指的是从青少年开始接受训练到训练结束的整个过程中，青少年足球运动员都要以体能发展的内在规律为依据来参与系统完整的足球训练。

在青少年足球训练中，系统性原则要求教练员对青少年的整个足球训练过程进行系统的规划，规划内容包括训练内容、训练方法与手段、训练负荷等，只有这些方面的内容都合理有效，才能确保系统性训练原则积极作用的发挥。

(二)全面性原则

全面性原则指的是在青少年足球训练中，足球运动员不仅要注重发展专项足球技能，还要在此基础上发展各项素质，并通过各项素质的全面发展与提高来促进足球运动技能的增强。青少年足球训练中遵循全面性原则的依据主要表现如下。

(1)青少年足球运动员要想获得高水平的足球专项运动技能需要全面发展自己的身体素质并有力增强自身的身体机能。

(2)从生物学的视角来看，人体的各个器官系统存在着相互依赖的关系，不管是参与何种运动项目的训练，人体产生的各种变化都是相互依存的，因此全面发展各项运动素质有助于不同素质之间产生良性迁移，从而对于促进青少年足球运动员的足球技战术水平的提高产生积极的影响。

(3)青少年足球运动员运动素质与运动技能的良性转移是建立在一定的基础与条件之上的。青少年专项足球运动素质和技能的形成离不开一般运动素质基础作用的发挥。也就是说，青少年足球运动员要先发展自己的各项身体素质，增强自己的身体机能，然后再通过学习与训练来提高自身的足球专项技能。

(三)适应性原则

研究表明，一定的刺激强度和刺激量共同构成了个体的训练刺激。在刺激的作用下，就会有适应的出现，但只有在刺激达到与个人竞技能力相应的强度和起码数量时，体能素质不断增强的适应过程才会产生。负荷量和强度与个人竞技与负荷能力的最佳值越接近，就能够越快地产生适应过程，也才能更好地达成训练目的。

因此，在青少年足球训练过程中，教练员应定期对青少年学生的身体素质进行测评，以对其身体的各种信息变化及时加以掌握，并以测量结果为依据来对刺激量和强度的指标及训练计划进行合理的调整。

(四)持续性原则

在青少年足球训练过程中，对持续性原则的贯彻非常重要。机体对外界环境的适应性普遍较强，所以倘若训练负荷突然大量降低或完全中断，那么机体在训练中所产生的适应性就会逐渐消退，从而影响现有的运动水平，长期大量降低训练负荷或中断训练，运动水平就会降低至训练前甚至更低。

大量实践表明，足球运动员要想提高自身的专业技能，掌握高水平的足球技战术，就要坚持不懈地参与系统的足球训练活动，这是毋庸置疑的。因此，青少年足球运动员在初步掌握足球技术之后，切忌停止训练，而要继续坚持进行重复不断的训练，这样才能不断巩固自己的技能，直至完全熟练。不仅是足球技术，体能素质的训练同样如此，只有多次重复练习才能逐步提高体能水平，也才能不断促进运动成绩的提高。

通过上述分析，我们必须认识到，青少年足球运动员参与足球训练应遵循多年训练计划逐步进行，即使在休整期也不能停止对足球训练活动的参与。

（五）周期性原则

青少年足球训练通常是以年度训练为基本周期的，年度训练又以周为单位分为更小的循环周期。

从足球年度训练来看，在整个年度的训练中，青少年经过周期循环不断进行训练，最终青少年足球运动员的思想水平、理论水平、身体素质、技战术水平都会较之前具有大幅的进步。

一般来说，青少年足球运动员不仅要进行多年持续训练，还要坚持周期训练，更重要的是，要将二者结合起来，这样才能促进其足球运动水平及比赛成绩的逐步提高。

（六）区别对待原则

区别对待原则是青少年足球训练过程中需要遵循的重要原则之一，其具体是指在青少年足球训练过程中应以运动员的年龄、性别、身体素质、训练水平、文化程度、个性心理特征等情况为依据对足球训练任务、训练内容、训练方法和运动负荷进行科学合理的安排。

足球教练员应该清楚地认识到，不同青少年都有自己的个性特征，其在身体素质、兴趣爱好、足球天赋及运动基础等方面各有差异，而且不同青少年足球运动员的训练起点也不同，训练中的进步速度及幅度也有区别。因此，教练员应针对青少年足球运动员的个人特点和基础条件来对训练内容、方法、负荷等进行合理安排，将不同运动员在足球训练中的各种区别性因素重视起来。

二、青少年足球训练的方法

（一）重复训练法

重复训练法是指在不对动作结构和运动量做出改变且相对固定的条件下，采用同一运动负荷和相同的间歇时间进行同一动作的多次练习，以达到提高负荷适应性和巩固技能的目的的训练方法。青少年足球运动员采用重复训练法进行训练时，主要是对同一足球技术动作进行多次重复，从而促进运动条件反射不断得到强化。

实践表明，青少年足球运动员采用重复训练法进行足球训练，不但能够对足球技术动作进行熟练的掌握与巩固，还有利于身体机能的不断增强。

（二）循环训练法

循环训练法要求青少年足球运动员要以足球训练的具体任务为依据，将预先设计的多项活动内容设计成若干个站，在训练过程中按照一定的顺序一站一站地进行周而复始、循环往复的练习。循环训练法对技术没有过高的要求，且一般都只是对轻度的训练负荷进行安排，所以在训练中青少年会感到容易且有趣，因而有助于促进其运动情绪的调动及训练积极性的提高。运用这一方法进行训练时，需要对以下两个要点加以注意。

(1)训练站的内容和数量是以训练目标为依据确定的。由于训练具有连续性，所以在安排训练内容时应以青少年足球运动员已经掌握的基础技术为主。在各“站”的练习过程中要保证能够将训练任务顺利完成，所以将运动员比较熟练的动作作为训练内容更有利于训练活动的顺利进行。此外，教练员要将其中的某一

“站”或某几“站”设为训练重点，并强调对重点“站”的训练要更加重视。

(2)根据不同特点，区别对待，确定负荷。教练员对练习负荷的安排要在对每站练习的强度、数量、循环次数、间歇时间等全面考虑的基础上进行。每站的训练负荷一般为青少年运动员所能承担最大负荷的 1/3～1/2。循环一周的时间为 5～20 分钟，各站之间的间歇时间通常以 15～20 秒为宜。

(3)对循环练习的形式进行组合与变换。实际训练中，教练员可针对不同青少年足球运动员的具体情况安排不同形式的循环练习，如流水式：一站连一站地进行练习。轮换式：对全队队员进行分组，在同一时间内各组对同一训练内容加以练习，按规定时间一组一组的轮换。分配式：即对多个练习站进行设立(可多达十几个)，以不同运动员的具体情况为依据对每名队员的练习内容及次数进行不同的分配。

(三)变换训练法

青少年足球训练过程中，对动作组合、练习负荷(运动量、运动时间、运动频率等)、训练条件、训练环境等进行有针对性的变化，在变化后的条件下进行训练的方法称为变换训练法。以往青少年足球运动员只是参与单一形式的训练，且训练强度较大，这样运动员容易产生枯燥感及厌倦感，因此对变换训练法的合理运用有利于促进运动员训练兴趣的提高和神经系统的调节，因此对训练效果的提高也有积极的影响。在应用变换训练法进行足球训练时，要注意负荷的变换、条件的改变和动作组合的改变都要遵循渐进性的原则，不能突然做出很大程度的变化，突然的变化会使运动员难以调整自己的状态，因此也不利于良好训练效果的获得。

变化训练方法的具体形式有以下几种。

(1)改变动作组合的变换训练法。在足球技术的训练中采用变换训练法时，适宜采用这一形式，特别是在对动作多、组合方式灵活多样的技术进行训练时，采用这一变化训练方式更为适合。对组合动作加以改变，有利于促进青少年足球运动员动作衔接能力和机体神经调节能力的提高。

(2)改变运动负荷的变换训练法。在青少年足球运动中采用这一方法来进行变化训练，目的在于促进青少年机体对不同负荷的适应能力的增强。青少年在对自己的足球专项速度耐力进行训练时，可采用这一方法。

(3)改变练习条件的变换训练法。例如，改变干扰的条件、场地器材条件、对手的条件等。采用这一变换训练方式进行训练的目的是促进青少年足球运动员适应条件变换的能力的不断提高，使其不管在何种条件下，都可以稳定地将自身的身体素质和技术能力发挥出来。

采用以上三种变换训练形式，能够有效促进青少年足球运动员对比赛的适应能力的提高，促进其身体素质水平的提高，并使其足球技战术得以不断完善。此外，采取变换训练法对于青少年足球运动员各种运动感觉的增强也有利。

(四)竞赛训练法

青少年足球运动员通过竞赛或者游戏的方式参与足球训练的方法就是所谓的竞赛训练法。竞赛训练法不仅是一种训练手段，也是对训练效果进行检查的有效方法。青少年足球运动员的身体素质水平、创造性地运用技战术的能力等都能够在这一方法的训练中不断提高。此外，运动员的应变能力与实战能力也会在竞赛训练中不断增强。

竞赛训练法具体包括训练性竞赛、游戏性竞赛、测验性竞赛、适应性竞赛和身体素质竞赛等几种形式。在运用竞赛训练法进行训练时需要对以下几个要点加以注意。

(1)注意训练方法运用的时机。采用竞赛方法进行足球训练时，教练员要善于发现不同青少年运动员的不同特征，并以此作为参考来对运动员进行正确的指导，在竞赛中严格执行比赛规则,提高运动员对自己进行控制的能力,并对其优良的体育作风进行培养。另外,如果运动员的运动技能还未形成,不宜对竞赛法加以采用,以免对固有的技术动作造成影响。

(2)安排适宜的训练负荷。在竞赛训练中,青少年足球运动员的情绪与兴趣得到激发的同时,其能量也会大量消耗,并且调节和控制起来比较困难。因此,教练员在开展竞赛训练活动时,要以足球运动的专项特点为依据对合适的竞赛形式加以选择,并合理安排训练负荷,在不对训练内容和目标造成影响的情况下完成竞赛训练。

(五)综合训练法

以上各种训练方法对于青少年足球运动员技能水平和竞技能力的提高都具有积极的影响,但如果只采用其中一种方法进行训练,难以达到良好的训练效果,因此要综合运用多种训练方法,充分发挥各个方法的优势,取长补短,共同促进足球训练效果的提高。

足球教练员在对多种训练方法加以组合运用的过程中,要以训练目标与训练任务的需要为依据,并对多种综合训练的方案进行合理的设计,使训练活动能够在科学的计划中有序进行。具体来说,综合训练法具有如下几方面的特点与作用。

(1)将不同训练方法结合起来可以促进青少年足球运动员身体素质及运动技能的全面、有效提高,运动员对多种训练任务和内容的要求加以适应的能力也会增强。

(2)多种训练方法的结合有利于促进足球技术训练与足球专项素质训练的有机结合,从而能够促进青少年足球运动员对比赛的适应能力的不断提高。

(3)采用综合训练方法有利于对训练负荷进行灵活调节,从而能有效取得综合性的积累效果,且运动员在训练中不易产生疲劳感。

三、青少年足球训练的创新模式

(一)多元智能训练模式

在青少年足球训练的过程中,运动员只用到一种智能是不可能的,这主要是从神经学的视角得出的结论。人类的大脑处于不断的工作中,然而其工作的方式并不单一。在青少年足球训练过程中,运动员的智能会通过这样或那样的途径参与到训练中。在一次练习中,运动员将多种智能整合运用其中,能够对自身的运动潜能进行充分激发,从而大幅度地提高训练效果。

在青少年足球训练中,教练员要以不同的训练内容与任务为依据,对运动员的不同优势智能进行准确把握,从而对具体的训练模式与策略进行有针对性的选择,将传统的陈旧的不科学的训练模式打破,对运动员的积极思维进行有效的启发,使所选的训练策略与模式与运动员的个性特点相符,如此才能促进训练效果的提高。

由于不同运动员所擅长的智能是有差别的,有些运动员擅长这项智能,所以相比较而言在训练中其他智能就显得比较弱。训练内容、目标及方法的多样性在一定程度上取决于运动员智能潜能的多元性。根据多元智能理论模式,在青少年足球运动训练的实践过程中要尽量将运动员个人独特的智能组合的作用充分发挥出来。多元智能训练模式在足球运动训练中的总体程序结构如图 5-1、图 5-2 所示。

多元智能训练模式在青少年足球运动训练实践中的运用有利于促进教练员与运动员之间相互合作的加强,有利于促进运动员之间,教练之间等人际沟通能力的提高,从而有利于全面提高青少年运动员的智能水平,将传统的足球教练安排什么,运动员就自然地练习什么的模式打破。与此同时,在运用这一训练模式的过程中,也要对青少年运动员进行积极的鼓励和引导,使其通过多种方式展现自我,促进其自信心的增强,也使其对自我评价的规律进行掌握与运用。对多元智能训练模式的运用有利于促进青少年足球运动训练效果的大幅提高。

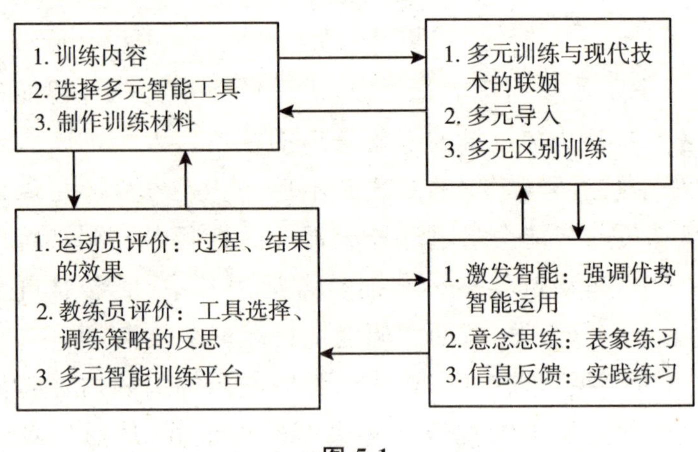

图 5-1

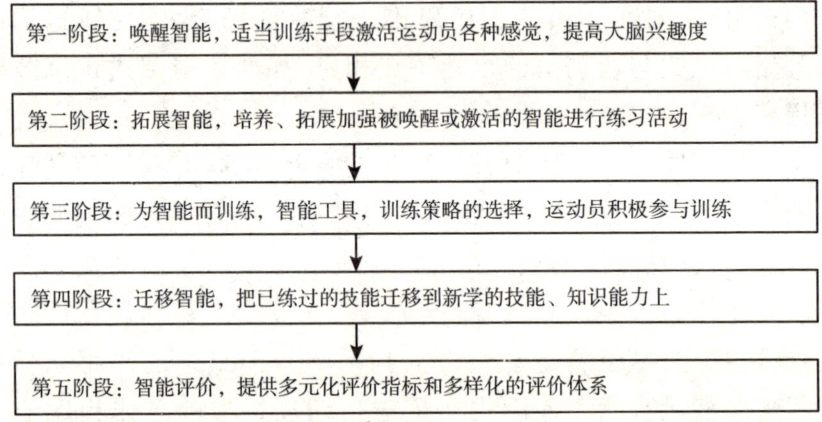

图 5-2

(二)领会训练模式

相比传统的足球教学与训练方式,领会训练模式重点强调的是将足球运用的特性向运动员说明,而且在和其他球队进行比赛的过程中,对对方的战略和战术运用特点进行观察。在青少年足球训练中,教练员使用这一训练模式时要注意,不能仅仅通过训练来使运动员对足球的技术进行掌握,要注意对运动员参与足球运动训练的热情与积极性加以激发,使运动员参与足球运动的意识与认知不断提高。

在青少年足球训练的过程中,运用领会训练模式,要注意对运动员在足球竞赛方面的战术意识和战略意识进行积极的培养与提高,不能让学生通过训练只是对足球运动的技术技能进行了掌握,其他方面的技能却一无所获。从这一训练模式来看,在青少年足球训练的过程中,足球技术动作的统一性和规范性有了明显的弱化,传统足球训练的惯性思维模式被打破了,这样可以促进运动员在比赛过程中战术意识的提高。在运用这一模式进行训练的过程中,运动员也要以切身实际为依据,促进自身技术水平和战术能力的不断提高与增强。领会训练模式在青少年足球训练中的运用还需要注意以下几点。

(1)教练员要严格要求青少年运动员对足球运动的具体特点加以了解与关注,然后使运动员对足球运动的具体战术进行学习与掌握,在最后要注重足球运动整体训练效果及训练的实效性。

(2)教练员要将对运动员足球战术意识的培养重视起来,在训练过程中的不同训练环节融入战术意识的培养。

(3)在重点技术的训练过程中,教练员要有意识地进行重点指导与要点强调。

第三节　青少年足球教学与训练的评价体系

一、青少年足球运动员体能素质的评价

(一)力量素质评价

对青少年足球运动员进行体能素质的训练过程中,对力量素质的训练非常关键。作为各项身体素质的基础,力量素质同时也

是青少年足球运动员对运动技能加以掌握和促进运动成绩提高的重要基础。现代足球比赛竞争越来越激烈,在比赛中常常有大量的身体接触,运动员为了抢占有利的空间位置,经常要运用合理冲撞、变向、急停转身、传球、跳起、射门等技术动作,而这些动作主要是以腿部力量作为保障的。因此,在日常训练中,青少年足球运动员要将力量素质的训练重点重视起来,而对力量素质的评价则应选择反映腿部力量与全身协调用力的指标。

对青少年足球运动员力量素质进行评价的方法主要如下。

1. 仰卧起坐

通过仰卧起坐的方法对青少年足球运动员的力量素质进行评价时,受试者一般在体操垫上或草皮场上接受测试。

(1)评价目的

对腰部力量素质水平的高低进行测评。

(2)评价方法

受试者仰卧屈腿,大小腿成 90°,双手手指交叉放头后,另一运动员压住受试者的脚腕,受试者做收腹起坐。收腹起坐时两肘内收触碰到两膝计数 1 次。

(3)评价标准

优秀:70 次/分;良好:60 次/分;中等:50 次/分;及格:36 次/分。

2. 俯卧撑

(1)评价目的

对臂力进行测评。

(2)评价方法

受试者成俯撑,手掌和前脚掌支撑身体,使身体保持平直,做双臂屈伸。完成一次双臂屈伸计 1 次,累计完成的次数为最后成绩。在俯卧撑的过程中,塌腰、提臀、屈臂大于 90°均不计成绩。

(3)评价标准

优秀:22 次/分;良好:18 次/分;中等:15 次/分;及格:10 次/分。

3. 引体向上

(1)评价目的

对臂力进行测评。

(2)评价方法

在单杠上,受试者双手正握杠(掌心向前,拇指相对),身体静止悬垂开始,拉臂引体向上,下颌超过杠面计 1 次。

(3)评价标准

优秀:20 次/分;良好:18 次/分;中等:15 次/分;及格:10 次/分。

(二)耐力素质评价

在足球比赛中,短距离快速冲刺跑与长距离冲刺跑是青少年足球运动员需要具备的基本能力,此外,急停起动、急停变向等也是比赛中的主要动作内容,这些动作的完成要求青少年足球运动员必须具有一定水平的有氧耐力和速度耐力。

对青少年足球运动员耐力素质进行评价的方法主要如下。

1. 12 分钟跑

(1)评价目的

对耐久跑的能力进行测评。

(2)评价方法

12 分钟测试在田径场 400 米跑道上进行。考评员进行计时,并将出发信号发出,受试者听到信号后采用站立式起跑,12 分钟后考评员将停止信号发出,对受试者即刻停止跑动的地点做标记,考评员对受试者跑的距离进行测试。

(3)评价标准

优秀:3 200 米/12 分钟;良好:3 000 米/12 分钟;中等:2 900 米/12 分钟;及格:2 800 米/12 分钟。

2. YOYO 跑

(1)评价目的

对变向跑的耐力进行测评。

(2)评价方法

YOYO 跑也就是 YOYO TEST,在田径跑道上画两条平行线,两条线之间相距 20 米,以一条线为起点,另一条线为终点,录音机播放 YOYO TEST,受试者以站立式起跑按照节奏在两条线之间做往返跑。在每次发出节奏的鸣叫声时,受试者必须踩到线并向另一条线折返跑,如没有按时、按录音机中的节奏踩到该踩到的线时就是犯规,第一次犯规只做警告,第二次犯规后就立即停止测试,并对跑的时间进行记录,按跑的时间评分。

(3)评价标准

优秀:12 分;良好:11 分 30 秒;中等:10 分 50 秒;及格:9 分 40 秒。

3. 跑固定距离

(1)评价目的

对有氧耐力进行测评。

(2)评价方法

对青少年足球运动员完成前进、侧向跑、后退、转身、障碍跑以及跳跃动作等的能力进行测试。受试者尽可能在短时间内将四次测试循环全部完成。可在足球场的四周对测试循环线路进行设置,可以适当地调整测试循环线路,但如果要进行重复测试,场地设置尽可能每次都保持一致。在测试过程中,测试者可以每隔 15 秒向受测试者发出出发的命令,直到有 8 名受试者同时接受测试为止。

测试场地如图 5-3 所示。

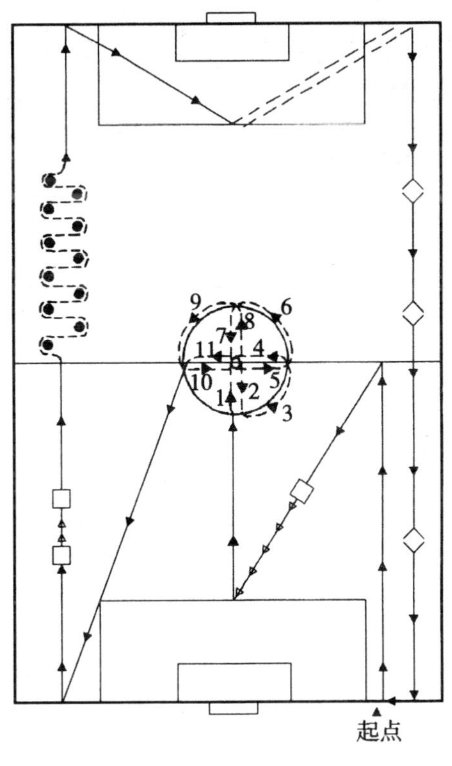

图 5-3

(三)速度素质评价

作为一项综合性运动,足球项目不仅要求青少年运动员具备连续短距离快速冲刺跑的能力,同时还对其长距离冲刺跑的能力具有较高的要求。除此之外,根据足球场上的具体情况做一些急停起动、急停变向等动作也是青少年足球运动员需要具备的能力,这些能力的获得与运动员的速度素质是分不开的。

对青少年足球运动员速度素质进行评价的方法如下。

1.5×25 米折返跑

(1)评价目的

对速度和耐力素质进行测评。

(2)评价方法

如图5-4所示,在6米×25米的场区内,每5米画一条6米长的线。受试者站在起终点线后,人动表开,受试者快冲跑从起终点到5米、10米、15米、20米、25米线依次做折返跑,折返跑过程中每个转身动作都要求单脚过线。受试者冲过起终点线时停止计时。倘若受试者在跑的过程中滑倒或转身没踩到线,那么均不对此进行成绩记录。

间歇2分钟后再测试,对两次中最好的成绩进行记录。

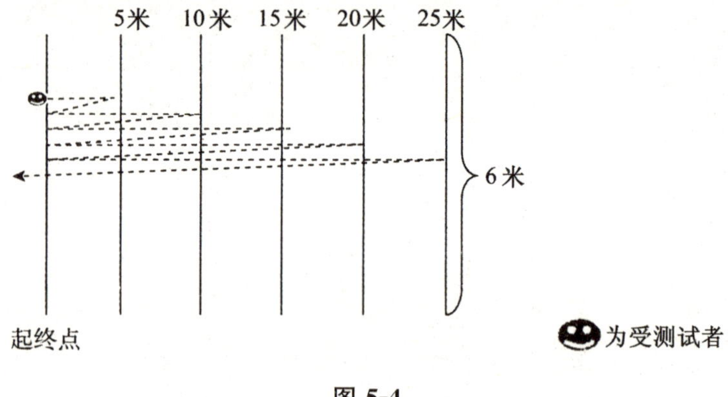

图 5-4

2. 三角(10米×3)跑

(1)评价目的

对变向跑的灵活能力进行测评。

(2)评价方法

如图5-5所示,在平整的场地上画等边三角形,边长为10米,将其中的一个角的顶点当作起、终点。

受试者采用站立式起跑,人动表开,沿三角形顺时针跑1次,逆时针跑1次,当受试者到达终点线时停止计时。倘若受试者在跑的过程中踩到或进入三角形边线,那么就不对此进行成绩记录。

取其中最好的一次成绩进行记录。

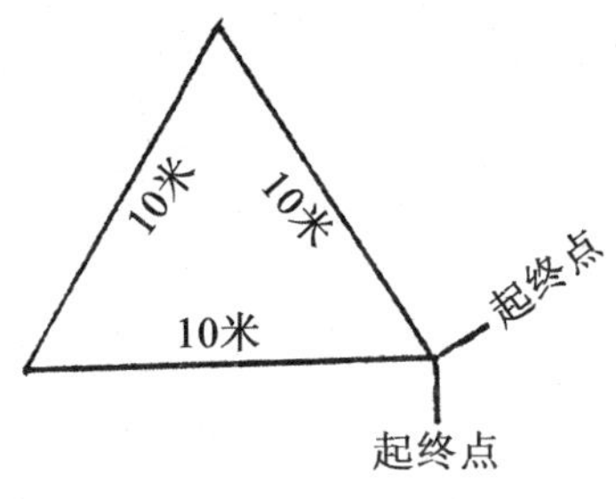

图 5-5

3.30 米绕杆跑

(1)评价目的

对短距离快速跑动中身体的灵敏性和协调性进行测评。

(2)评价方法

如图 5-6 所示，在足球场上树立几个不同间距的标志旗杆。受试者在场地一侧采用站立式起动，由受试者自己对开始跑动的时间作出决定必须绕过每一根标志杆。

跑 2 次，取其中最好成绩进行记录。

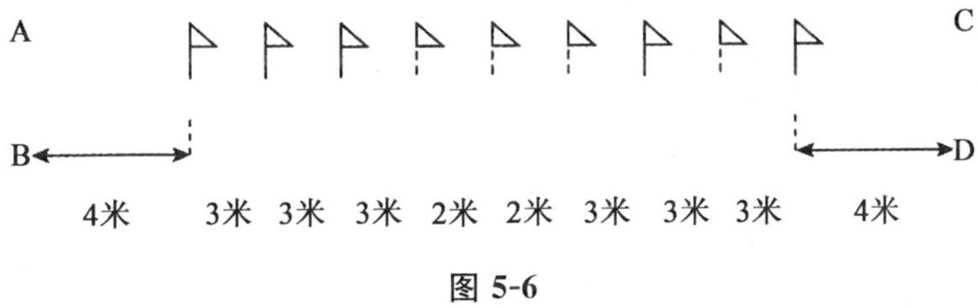

图 5-6

(四)灵敏素质评价

在足球比赛中，短距离的直线、折线与弧线的快速冲刺跑是青少年足球运动员需要经常做的动作，这就对其灵敏素质提出了一定的要求，因此在体能素质的评价中要注意对灵敏素质的评价。

对青少年足球运动员灵敏素质进行评价的方法主要如下。

1. 3 米侧滑步

(1)评价目的

对守门员快速横向移动的灵活性进行评价。

(2)评价方法

每次 2～4 人，预备时，受测试者站在两条边线之间，后脚踩一边。听口令后，尽快在两条边线之间往返滑步跑。每次须一只脚踩到边线，计 30 秒踩到边线的次数。测 2 次，取最好的一次成绩进行记录。

2. 3 米交叉步摸地

(1)评价目的

对守门员的灵敏性与协调性进行评价。

(2)评价方法

测试人数及准备同上。听口令后，用交叉步快速在两条线之间往返跑(始终面向一方)，每次只能用一只手摸到边线，计 30 秒摸到边线的次数。测 2 次，取最好的一次成绩进行记录。

二、青少年足球运动员基本技术的评价

足球技术可以分为有球技术和无球技术两种，这是以足球运动员在比赛中是否结合球进行运动为依据划分的。下面主要对足球运动中的有球技术进行评价。

(一)传球技术评价

对青少年足球运动员传球技术能力进行评价的方法如下。

1. 三角形地滚球传准

(1)评价目的

对传接地滚球的能力进行测评。

(2)场地器材

3个直径5米的圆圈构成3个测试区域(A区、B区和C区),每两个区的中心之间距离17米构成等边三角形(图5-7);1个足球。

(3)评价方法

将受测试者分成3个小组,每组1名队员。3名受测试者分别站在A区、B区、C区内,A区队员持球,测试开始由A区队员将球按逆时针方向传给B区队员,B区队员再将球传给C区队员,依次重复。传球部位不限,球传出或弹出测试区外,可快速运球回到测试区内继续做传球动作,30秒的测试时间结束;计30秒之内3人相互间的传球次数。

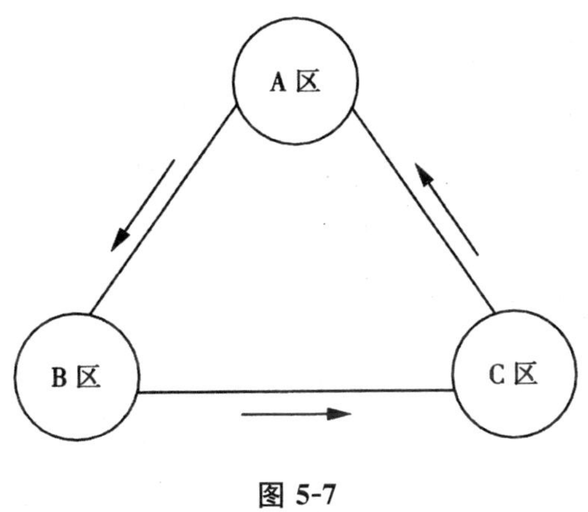

图5-7

2. 球门墙射准

(1)评价目的

对左右脚定点射门的能力进行测评。

(2)场地器材

按标准球门画好球门墙(内高用鲜明线均分为3份,内宽均分为7份,标明各部位得分)。球门墙前画出罚球区和罚球弧,并以球门底线中点为圆心,16.5米为半径画弧(可适当调整难度)。测试场地如图5-8所示。

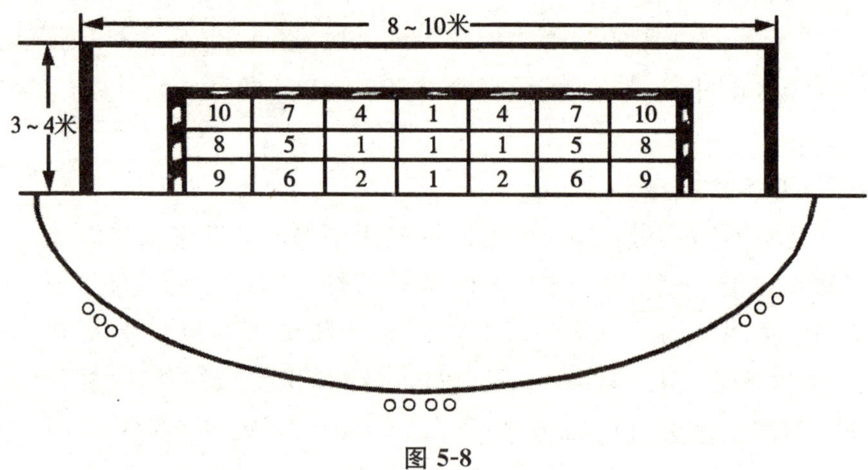

图 5-8

(3)评价方法

在罚球弧线外侧放 4 个球，罚球区两角弧线外侧各放 3 个球。受测试者射完 10 个球(左、右脚各踢 5 个球)，记录射中部位的总得分，再由教练(组)以踢球的质量(力量、脚法等)为根据对其进行技术评定。

3. 吊圈传准(脚背内侧)

(1)评价目的

对传球的准确性进行测评。

(2)场地器材

1 块足球场地；1 个足球。测试场地如图 5-9 所示，图中外圆半径为 4 米，内圆的半径为 2.5 米。

(3)评价方法

受试者将足球置于第一条线上，将球拨向传球区内，然后跑上去将球传向圈内，传球时要使球保持运动的状态，并且踢球的部位必须为脚背内侧。

每人踢 5 脚，进球第一落点在小圈得 2 分，在大圈得 1 分，未传到圈不得分，满分为 10 分。

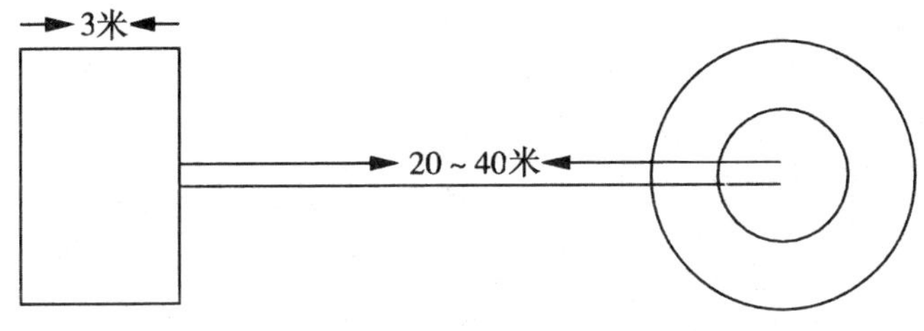

图 5-9

(二)接球技术评价

对青少年足球运动员接球技术的评价主要通过接球传准来进行的,具体如下。

1. 评价目的

对接四方高低球的技术和传球的准确性进行测评。

2. 场地器材

如图 5-10 所示,在球场或平坦的地面上画一条长度大于 5 米的白线。以白线为一边,在白线中段一侧画边长为 3 米的正方形接球区。接球区两边 1 米处各画 1 条与白线垂直的线,与接球区边线构成传球区。在白线中段的另一侧距白线中点 20 米处插 1 根高 1.5 米的标志杆,以杆为中心画半径为 1 米和 2 米的两个同心圆。准备 1 块秒表。

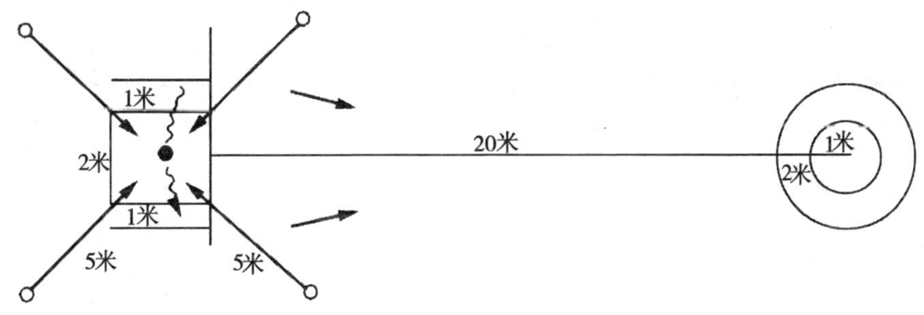

图 5-10

3. 评价方法

受试者站在接球区内，接从接球区对角线的延长线5米处传来的高球（胸部以下）和低球（地滚球），然后迅速带球至传球区并踢向标志杆。打中标志杆和落点在中心圈内得5分，落点在外圈得3分，落点在圈外不得分。要求接球后分别向右、左传球区带球1次，用右、左脚各踢1球。每4球为1轮，共测3轮12个球。从第一个球进入接球区开始计时，到第12个球踢出时停表。限时1分钟。在传球区外踢球扣1分，对受试者的所得总分进行记录。

（三）运球技术评价

1. 折返运球过杆

（1）评价目的

对掌握运球技术的熟练程度进行测评。

（2）场地器材

在平整的场地上距离画两相距20米的线，两条线中间插10根距离不等（1～3米）的标杆；1块秒表。

（3）评价方法

听测试者口令，受试者从端线起运球，开表计时，从左右两侧依次过杆，往返运回到端线，人球到线时停表。测2次，取最好的一次成绩记录（图5-11）。

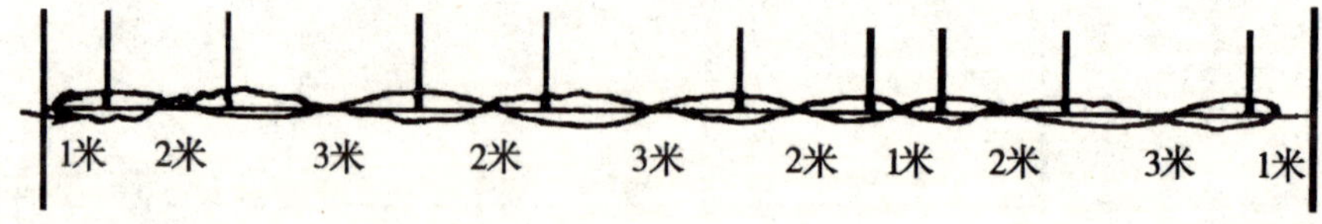

图 5-11

2. 折线运球

（1）评价目的

对尽可能快地从起点运球经过折线运球到达终点的能力、折线运球速度的快慢进行测试。

(2)场地器材

如图 5-12 所示,在平整的足球场上画两条间距为 9 米的平行线,在平行线上分设 A、B、C、D、E、F 6 个点,每条线上各点之间的距离不等。

(3)评价方法

受试者站在起点线后,球动开表计时,受试者按虚线轨迹带球,在各个标志前过线后折线变向运球,在 E、F 之间的终点线之外踩停住球,停止计时。

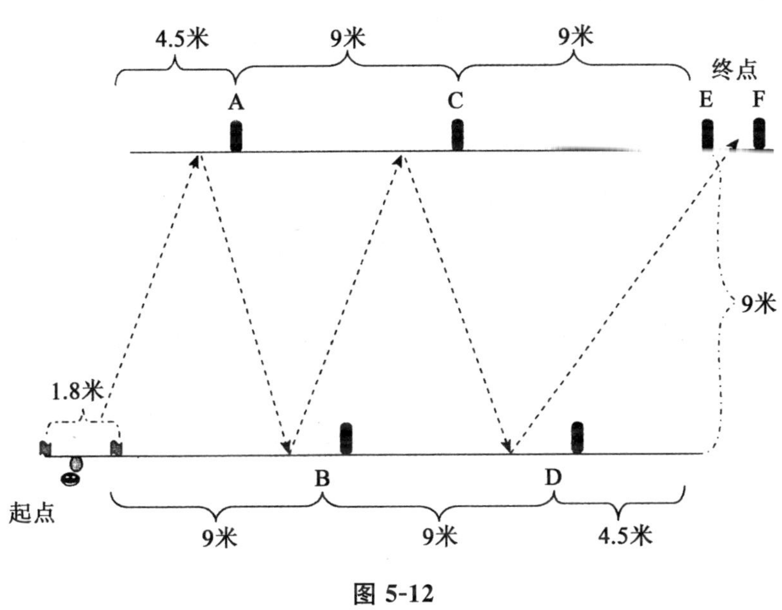

图 5-12

注: 为球, 为测试者

(四)踢定位球技术评价

1. 定位球传准

(1)场地器材

以一面 1.5 米高、插有彩色小旗的标志杆为圆心,以 3 米和 6 米为半径分别画两个同心圆。以插有彩旗的标志杆作为传准的目标。根据运动员水平的高低,两个同心圆的半径可适当地缩小或扩大。以25米长为半径,以插有彩旗的标志杆为圆心向任何方向画一条25米的长弧作传球限制线。

(2)评价方法

受测试者将球放在限制线上,用脚背内侧向圈里传球,以球的第一落点为根据,以不同的落点位置为根据对相应的不同的分值作出判定。

2. 定位球踢准

(1)场地器材

场地在距"足球墙"下沿中心20米处画一条平行于"足球墙"下沿的3米长的限制线。

(2)评价方法

受测试者将球放在限制线上,将球踢向足球墙。教练员以运动员的踢准情况为根据进行成绩评定。

三、青少年足球运动员综合技能评价

下面将从进攻技能、防守技能及守门员的技能三方面对青少年足球运动员的综合技能进行评价。

(一)进攻技能评价

青少年足球运动员进攻技能的评价主要分为无球进攻技能评价与有球进攻技能评价,具体如下。

1. 无球进攻技能评价

(1)考查青少年足球运动员能否通过对假动作的运用将对方的防守成功摆脱。

(2)考查青少年足球运动员能否通过对跑位、策动、突破等方法的运用,为自己创造得球以及为同伴创造良好的进攻机会。

(3)考查青少年足球运动员能否在无球跑位中将明确的整体战术意识体现出来,或对这一意识是否进行了合理的贯彻。

2. 有球进攻技能评价

(1)考查进攻队员在获得控球权后观察力、组织进攻意识等方面的表现。

(2)考查进攻队员是否具有明确的传球的目标,是否采取了恰当的传球方式,能否抓住有利的传球,战术意识是否明确。

(3)考查进攻队员对运球推进、突破、选择进攻时机、节奏控制等的把握程度。

(4)考查进攻队员掌握定点射门,配合射门,运球突破射门等不同射门方式的程度,补射中能否把握好射门时机,能够采取合理的射门角度、距离、脚法、力量及弧度等。

(5)考查进攻队员在传球、运球、射球过程中应变突发情况的能力。

(二)防守技能评价

对青少年足球运动员防守技能的评价主要从盯人防守技能评价与区域防守技能评价两方面进行。

1. 盯人防守技能评价

(1)考查青少年足球运动员是否具有恰当的由攻转守意识,是否采用了恰当的盯人方式。

(2)考查青少年足球运动员在盯人过程中封堵、延缓、抢截、补位的意识是否强烈。

(3)考查青少年足球运动员是否能够正确盯人选位,能否恰当地采用合理的紧逼或松动盯人方式。

(4)考查青少年足球运动员在盯人防守的过程中局部与整体的防守意识是否强烈。

2. 区域防守技能评价

(1)考查青少年足球运动员是否能够合理地运用防守选位、封堵、延缓、抢截等技术动作。

(2)考查青少年足球运动员是否有较好的区域防守意识,能否有效地控制防守区域。

(3)考查青少年足球运动员是否有较好的补位、协同意识,能否准确运用,整体防守意识是否具备。

(三)守门员技能评价

青少年守门员技能评价的内容与方法如下。

1. 守门员防守技能评价

(1)对技术动作能否作出准确的判断,并对其加以合理运用,以此达到防守的目的。

(2)比赛与处理定位球的过程中能够恰当地选择防守选位。

(3)能否快速移动对罚球区进行有效控制。

2. 守门员进攻技能评价

(1)能否通过对准确合理的发球技术的运用来对进攻进行组织。

(2)获球后,发动快速反击的能力如何。

3. 青少年足球运动员战术意识的评定分级标准

教练员对青少年足球运动员足球战术意识的评定需采用科学的分级标准,具体见表 5-2。

表 5-2　青少年足球战术意识评定的分级标准

等级	表现
较差	战术意识不强
一般	战术意识有待进一步提高
较好	能够基本合理地运用战术
好	有全面的战术意识，足球比赛中正确运用战术，且能够取得明显的效果
突出	能够熟练地运用战术，有很强的进攻与防守意识，比赛中能成为总体战术的核心

第六章　青少年足球体能、心理与智能的科学训练研究

体能、心理和智能是足球运动员竞技能力结构的重要构成要素，也是青少年参与足球运动所必须具备的重要素质。体能是青少年参与足球运动的基础；心理是技战术稳定发挥的保证；智能是在比赛中审时度势的能力。由此可见，在足球比赛中，体能、心理和智能都有着非常重要的作用，缺一不可。本章就青少年足球体能、心理与智能的科学训练进行研究，以为青少年参与足球运动提供科学的实践指导。

第一节　青少年足球运动员的体能训练

由于足球运动比赛竞争非常激烈，持续时间长，对抗强度大，这些都需要足球运动员具备良好的体能素质来作为保证，使自身能够顺利参与足球训练和比赛。青少年足球运动员进行体能素质培养的主要途径就是参与体能训练。本节主要就青少年足球运动体能训练及其方法进行研究。

一、专项力量素质训练

青少年足球运动员不同身体部位的专项力量训练方法具体如下。

(一)颈部、上肢和肩背力量素质训练

(1)双杠双臂屈伸,单杠引体上。

(2)双杠双臂屈伸、单杠引体向上、杠铃推举练习。

(3)在垫上做颈桥并推举哑铃、壶铃或轻杠铃。

(4)俯卧撑。俯卧撑向侧、前两个方向做跳移动作。

(5)大力掷界外球、掷超重球、掷实心球。

(6)做哑铃和杠铃练习。

(7)两手扶头,在颈部转动时给予抵抗力。

(8)两人一组,进行推小车练习。一人俯卧,两臂伸直。另一人两手抬起其双脚,俯卧者用两手向前“行走”。

(9)两人一组,做重叠俯卧撑。一人保持俯卧姿势,另一人在其背上做俯卧撑,或二人同时做俯卧撑。

(10)两人一组,面对坐地,两腿分开,抛、传实心球或足球。

(二)腰腹力量素质训练

(1)做仰卧举腿、仰卧起坐以及仰卧快速屈体练习。

(2)做原地或行进间收腹跳、向后展腹跳练习。

(3)肩负杠铃做体前屈或转体,抓举杠铃。

(4)俯卧撑收腹收腿,单杠悬垂举腿、悬垂双腿画圆圈。

(5)做侧卧体侧屈、俯卧体后屈练习。

(6)仰卧,两脚夹球离地 15～20 厘米,以腰为圆心画圆。

(7)做跳起空中转体或收腹用力顶球练习。

(8)做起跳后空中转体或收腹用力顶球练习。

(9)展腹跳。爆发起跳并充分展腹,爆发起跳并向后屈膝,两手与脚跟碰触。

(三)腿部力量素质训练

(1)做多球的连续跳起空中头顶球、空中敲球、空中传球练习。

(2)做单腿或双腿起跳摸高或用头触球练习。

(3)做连续向前并腿或单腿跳练习。

(4)肩负杠铃或手握哑铃连续向上跳。

(5)做立定跳远、多级跳远、蛙跳、助跑跳远练习。

(6)小腿负重踢球。要在不对正确动作规格造成影响的前提下尽力做踢球动作。

(7)做双脚连续跳台阶、单腿交替跳台阶、向两侧跨跳、单腿连续跳练习。

(8)肩扛杠铃做提踵或脚掌走,肩负杠铃由站姿下降至深蹲。

(9)仰卧小腿屈伸:通过髋关节和膝关节发力使重物平台下降,膝关节屈曲90°后还原。

(10)利用不同高度的凳子、桌子或跳台依次做杠铃深蹲、半蹲、提踵,壶铃蹲跳等练习。

(11)腿部伸展:通过伸展膝关节使小腿上举至全腿伸直,还原后再做。

(四)全身力量素质训练

(1)抢夺球练习。二人合作相互进行抢夺球练习。

(2)蹲跳顶球。取半蹲姿势,连续蹲跳中顶球。

(3)倒地起身。一人运球,另一人从侧面铲球,在铲球倒地后尽可能快地起身去追球。

(4)合理冲撞练习。一人运球,另一人贴身跟随并冲撞运球队员,运球队员要稳住重心,或两人同时争顶并在其间合理冲撞。

(5)做挺举练习,要求完成每一环节时都必须采取爆发性动作。

(五)力量素质综合训练方法

(1)对抗力量练习。在足球专项力量素质练习中,可利用跑动中为争夺控球权的合理冲撞、连续跳起争顶球、贴身紧逼对抗、身体挤压等方法促进力量素质的发展。

(2)非对抗类力量练习。练习者在日常训练中充分利用球发展个体的力量素质。

(3)负重练习。采用负重的方法,增加运动负荷,以发展力量素质。

二、专项速度素质训练

青少年足球运动员专项速度素质的训练方法如下。

(一)常规速度训练方法

1. 位移速度训练

利用各种跑步练习提高足球位移速度,提高步频。

2. 动作速度训练

(1)利用下坡跑、顺风跑、牵引跑等练习促进动作频率的提高。

(2)运用短距离、方向不规则的绕(或不绕)障碍的变向、变速跑等练习方法促进重心转换速度和快速变向跑能力的提高。

3. 反应速度训练

利用在各种不同身体姿态状况下的起动练习来促进反应速度和起动快跑能力的发展。

(二)综合速度训练方法

(1)在活动情况下,利用既定手势做突然起动练习:在颠球、顶球、传接球、慢跑、侧身跑、小步跑、高抬腿跑等情况下做快速起动跑,跑 5~10 米即可。

(2)让距追赶跑。2~3 人一组,根据速度水平前后拉开距离,速度快者在前,听信号站立式起跑后全速跑,后者追赶前者,前者别让后者追上。跑 30 米、60 米。

(3)抢球游戏,全队分为两排,相距 20 米,面对站立,在中间 10 米处画一条线,每隔 2 米放一球,队员依次面对球站好。当教练员发出信号后,双方快速跑上抢球,抢球多的一方胜。

三、专项耐力素质训练

足球专项耐力素质的训练方法如下。

(一)无氧耐力训练方法

(1)1 分钟内一对一追拍或一对一过人。

(2)进行 5 米、10 米、15 米、20 米、25 米折返跑练习。

(3)进行 100~400 米高强度的反复跑和做 1~2 分钟的极限动作练习。

(4)进行重复多次的 30~60 米冲刺跑练习。

(5)做原地快速跳绳练习。30 秒钟×10,60 秒钟×5(每次间歇 30~60 秒钟)。

(6)有持续时间的往返带球练习。

(7)短距离追逐跑练习。

(8)做折线快跑 20 米—仰卧屈体 5 次—冲刺 10 米—突停转身铲球—向左右做旋风腿各 1 次—快跑中跳起头顶球 3 次—冲刺射门 2 次—三级蛙跳的组合练习。

(9)往返冲刺传球练习。甲往返冲刺在限制线之间,在限制线附近回传乙、丙分别传来的球,乙、丙离限制线约 5 米。

(10)不同人数传抢球练习。规定时间,1/4 场地 4 对 4 传抢,1/2 场地 6 对 6 传抢,全场 9 对 9 传抢。

(11)进行追逐游戏训练。每队各 10 人面对站立,教练向其中 2 人抛球。红方得球,红追蓝;蓝方得球,蓝追红,阻止对方跑进标志线。练习时间为 10 分钟。

(12)进行争球射门训练。12 人分为 2 组,每组占用半个足球场地，每组 1 名守门员，2 人一组，争教练员发出的球，得球者攻，无球者防，交替进行。练习时间为 15 分钟。

(13)接龙游戏训练。足球场内进行，纸箱 4 个，分别等距摆放在一侧的边线外；沙包人手 1 个，并将大学生分成人数相等的 4 组，每人手持一沙包成纵队站在另一边线(起跑线)后。游戏开始，教练员发令后，各组第一人跑至纸箱前，将沙包放入，并按原路返回至起点，用手拉住第二人的手，两人一起跑向纸箱，并将第二人手中的沙包放入箱内，返回起点，依次类推，直至最后一人接龙返回，最后以先返回的组为胜。

(14)勇夺红旗游戏训练。将一根 6～8 米的粗绳子两端系牢，成正方形摆放在足球场上；距各角约 3 米处分别插一面小旗，并将大学生分成人数相等的 4 组，分别成横队站在绳外 2 米处。游戏开始，各组排头单手握绳的一角做好准备。教练发令后 4 人同时拉绳，并用另一手去触摸本方的小旗。先触到小旗的人为胜并记 1 分。全组依次进行，最后以累计得分高的组获胜。

(二)有氧耐力训练方法

(1)100～200 米间歇跑，400～800 米的变速跑。

(2)12 分钟跑。

(3)进行 3 000 米、5 000 米、8 000 米、10 000 米等不同距离的定时跑或越野跑练习。

(4)进行半场 7 对 7 控球对抗训练。要求每队传控好本方球，并全力破坏对方的传控。练习时可限制触球次数；可视情况调整场区或人数。

四、专项灵敏素质训练

青少年足球运动员专项灵敏素质的训练方法如下。

(1)带球过杆练习。

(2)进行身体各部位的颠球练习。

(3)进行各种挑反弹球。

(4)带球跑。做带球跑练习,并在运球的过程中做各种颠耍、虚晃、起动、拨挑、回扣等动作。

(5)距墙约10米远,利用两个球,快速、连续地向对墙踢。

(6)将球踢向身后,然后迅速向前绕过障碍折回接反弹球练习。

(7)冲撞躲闪。两人一组,慢跑中试图冲撞对手,对手尽可能躲闪。

(8)进行多种障碍跑训练,在一区域内设置各种障碍,要求队员用跳、爬、滚翻、跑等动作尽可能快地完成。

(9)虚晃摆脱。三人一组,甲传球,乙盯防,丙利用左右虚晃动作突然摆脱乙或利用前跑反向要球。练习中甲与丙相距5米左右,乙紧逼丙,三人轮换职能。练习中丙要注重动作的突然性及身体在各种姿势下的控制能力。

(10)跳波浪绳训练。教练与一名队员双手握一根长绳子,并把绳子上下抖成波浪形,队员必须敏捷地从上跳过,谁碰到绳子,与摇绳者交换。

第二节 青少年足球运动员的心理训练

一、青少年足球运动员心理训练概述

(一)青少年足球运动员心理训练的概念与目的

1. 心理训练的概念

心理训练,是指通过多种方法有意识地对青少年足球运动员的心理过程和个性特征施加影响,以期使他们学会调控自身心理

状态，更好地参与足球运动的过程。

青少年足球运动员在足球运动训练的过程中要接受的训练内容较多，主要可以归纳为技术、战术、身体、心理四大类。其中，心理训练是非常重要的训练内容。在以往的训练内容中对于青少年足球运动员的心理训练并不算非常重视。这方面的训练通常只是在训练中偶尔提到，以教练员的口头鼓励和交流为主，或有比赛任务时以教练员的赛前动员和赛中训话为主，日常训练中并没有非常系统的训练。而随着运动心理学的不断发展，足球运动中的这种不太在乎心理训练的模式即将被打破。对青少年足球运动员的心理训练也逐渐成为足球运动训练中的重点，对这方面训练的比重在不断增加。

2. 青少年足球运动员心理训练的目的

青少年足球运动员心理训练的目的在于培养与发展他们进行训练和参加比赛所必需的心理品质，使青少年足球运动员对高强度的训练和竞争激烈的比赛具有良好的心理准备，从而形成相对稳定的训练和比赛心理。

（二）青少年足球运动员心理训练的分类

青少年足球运动员的心理训练大致可分为一般心理训练和赛前专门心理训练。

1. 一般心理训练

一般心理训练是针对提高青少年足球运动员与专项运动有关的心理因素。由于在运动训练全过程均可贯穿安排，因此这种训练方式又称为“长期心理训练”。

2. 赛前专门心理训练

赛前专门心理训练是针对具体比赛而进行的心理准备，一般在比赛前两三周开始练习，并一直持续到比赛期间。

(三)青少年足球运动员心理训练的意义

1. 有利于心理活动水平的进一步提高

对于青少年足球运动员心理活动和技术动作的控制,其主要影响因素为心理状态。心理状态不佳,对生理活动和技术动作的控制程度就会大大降低。因此,只具备良好的体能素质和较高水平的技术是不够的,再加上良好的心理状态,才能够使青少年足球运动员发挥出正常的,甚至是超常的足球技战术水平。除此之外,心理状态不佳,还容易使青少年足球运动员的心理产生紧张,这就会对肌肉动作的准确性有较大影响,从而使得动作变形,技战术水平难以得到正常发挥。因此,为了提高青少年足球运动员的心理水平,改善青少年足球运动员的心理状态,一定要选择科学的方法对青少年足球运动员进行心理训练。

2. 能够使心理活动强度得到有效提高

青少年足球运动员的心理活动强度在训练和比赛中具有非常重要的作用。如果强度不足,对技术动作的主导作用就无法实现。因此,为了能够更好地调节足球技术动作,避免失误的发生,一定要选择适宜的心理活动强度。只有身心达到平衡,才能够较好地完成足球运动的技术动作,如果身心任何一方没有达到适宜的需要,就会影响青少年足球运动员的身心平衡状态,从而使得技术动作变形,进而对训练和比赛的效果产生一定的影响。通过心理训练能够将身心力量的平衡维持好,从而为最佳竞技状态的获得奠定基础。

3. 对于心理障碍的消除有积极作用

通过心理训练,不仅能够起到调节青少年足球运动员心理活动能力的作用,而且还能够达到有效消除和治疗以往形成的某些心理障碍的目的,作用不可忽视。

在足球运动的训练和比赛中，青少年足球运动员往往会因为技术失常、比赛失败而导致心理上产生一定的障碍。比如，常见的临场情绪过敏、动机不足、运动感迟钝等。针对这些情况，不要用身体训练和技术训练的方法和单纯依靠自然恢复来解决，通常情况下，是需要用心理学的方法来克服的，比如采用专门的心理恢复和治疗手段。

二、青少年足球运动员心理训练的内容

（一）常规性心理训练

常规心理训练是培养和发展青少年足球运动员应必备的各种心理素质的主要训练内容。

1. 常规心理训练的主要内容

常规心理训练的主要内容包括集中注意训练、意志训练和生物反馈训练。其中，生物反馈训练是借助于现代化仪器把青少年足球运动员机体的生理信息传递给他们自己，使其经过反复练习学会调节自己生理机能的方法。

生物反馈训练可提高青少年足球运动员的运动感知觉能力，促进动作技能的形成和校正技术动作等。除此之外，这种心理训练方法还可以起到调整青少年足球运动员的情绪、消除疲劳、改善机体各器官系统功能的作用。

2. 常规心理训练的主要任务

常规心理训练的主要任务在于培养青少年足球运动员从事足球运动专项所需的兴趣、能力、气质等个性心理特征；发展专项青少年足球运动员所需的感知觉、运动表象、形象思维以及意志品质等心理过程；培养注意力的稳定性和合理分配注意力的能力等。

(二)实用性心理训练

在这里,实用性心理训练主要是在足球比赛前进行的赛前心理训练,是指准备具体比赛的心理训练。

赛前心理准备是在赛前动员会上由教练主导进行的,这种形式较为普遍,它是在较短时期内使青少年足球运动员掌握自我调节心理状态的方法,在赛前适时形成最佳竞技状态的训练过程。

具体比赛的心理准备包括赛前心理训练和比赛过程中的心理调控。

赛前心理训练一般在比赛前2～3周开始进行,具体在安排时要以比赛的具体目的任务、对手的水平与实力、比赛环境、场地气候等条件以及青少年足球运动员的心理状态等为依据。

比赛过程中的心理调控可在临赛之前、比赛之中、两次比赛间隔甚至比赛之后进行。例如,赛前教练通过语言来激励青少年足球运动员,如“我们之前的准备非常充分,大家把平时练的内容展现出来就可以了”“我们的战术非常对路,一定可以给予对手致命打击”等,在中场休息时的引导语可以为“下半场再控制20分钟左右,对方就没有力气打出有威胁的攻势了”等。

1. 赛前心理训练的主要内容

赛前心理训练的主要内容包括表象重现训练、控制情绪训练和模拟训练。其中模拟训练是用接近比赛实际情况而进行的实战练习,是提高青少年足球运动员比赛适应能力的心理训练方法。对于这种心理训练的最佳训练方法为模拟训练,即通过模拟比赛的对手、场地条件、气候、现场情况、裁判等各方面的情况,来达到提高心理适应度的训练目的。

2. 赛前心理训练的主要任务

赛前心理训练的主要任务为使青少年足球运动员明确比赛任务,激发良好的比赛动机,建立取胜的心理定向,形成达到目的的信心;使青少年足球运动员掌握各种心理的调节控制方法,消除紧张情绪,以最佳的心理状态出场;使青少年足球运动员学会在复杂的比赛形势下保持积极稳定的心理状态,以确保技战术水平的充分发挥。

三、青少年足球运动员心理训练的方法

(一)青少年足球运动员正确动机的训练方法

1. 设立心理训练目标

要想使青少年足球运动员产生正确的动机,一个正确且合理的心理训练目标是非常重要的。这样做的理论基础主要是有一个令人向往的目标是激发动机的有效方法。具体来说,如教练员带领一支球队训练、比赛,必然要有一个目标和预想取得的成绩,这个目标要有一定的挑战性和难度,而不能是唾手可得的,但是设立的目标也要注意具有可行性,它可使教练员和运动员对实现目标的动机和行为有高度的责任感,并且可以让教练员和青少年足球运动员彼此建立良好的关系以利于沟通,实现彼此之间的相互了解、信任和促进。

青少年足球运动员心理训练目标的设定主要有以下几个要点。

(1)心理训练目标的设定基础要建立在对整体和个人全面、深入的了解与沟通的基础上,只有这样才能使心理训练目标既具有一定的难度性和挑战性,又具有实现的可能性。

(2)心理训练的目标要有量化考量标准,这个标准有利于随时对心理训练进行检查和监督;训练目标与计划要有一定的灵活性,可以更改、修定,但必须有明确的阶段时间和完成时间。

(3)心理训练的目标可按训练周期的长短分为短期、中期和长期三种目标。其中,短期目标最为细致和具体,要设定实现目

标的期限;中期目标是短期目标的阶段延伸,并以各阶段短期目标的实现,积累为中期目标的实现;短期、中期目标应该是长期目标的分期阶段目标。

(4)心理训练目标设定包含的内容有个人能力目标、整体实力目标、团队精神、战术纪律、球队风貌等目标。

2. 激发个人动机

激发青少年足球运动员对于足球运动强烈的运动动机是足球教练员进行心理训练的主要任务之一。动机是人完成某种行为的最基本动力,只有使青少年足球运动员的个人动机达到最佳水平,才能使其训练、比赛效率达到最高值。

3. 唤起、凝聚团体动机

足球是一项团队性运动,因此对青少年足球运动员的心理训练除了要针对个人开展外,还要从全队的角度着眼,树立全队的整体意识、团队精神和集体荣誉感,这就是教练员通过心理训练唤起、凝聚全队的整体动机的主要目标,它关系到整个球队的整体训练水平、比赛成绩的提高。

4. 重视参赛动机的调控

足球是一项激烈的竞技运动,参与竞技的目的都是争取最好的成绩。因此,参赛动机调控就成为心理动机训练的重要一环。参赛前的动机调控是教练员心理训练的重点。对青少年足球运动员参赛动机的调控应注意以下两点。

(1)要对青少年足球运动员的现实动机作出准确的判断,帮助队员明确方向、树立信心、提高斗志,特别是对环境的变化和能够引起运动员心理变化的各种因素作出正确的判断。

(2)教练员在指导青少年足球运动员心理适应方面要做好充分准备。这主要是因为尽管青少年足球运动员有不畏艰难的精神,但是他们如果经历的比赛较少的话,心理很可能被各种突发情况打乱，因此，教练员就要对他们的心理进行引导，让青少年足球运动员卸下思想包袱、排除各种干扰，使其参赛动机调控到最佳水平。

（二）青少年足球运动员良好态度的训练方法

对青少年足球运动员良好态度的训练首先需要他们正视训练和比赛，对于比赛抱有不过分注重胜负比赛结果的心态，不能有赢了什么都好，输了什么都不好的想法。这看似与前面提到的足球竞技就是为了争胜的观点互相矛盾，但实际上，为了获得良好的态度以及其他良好的心理素质，将胜负置之度外是非常重要的心理技巧。如果一味地在脑中强调"只能胜、不能负"的内容，那么体现在表面上的肯定是比赛进行得畏首畏尾，想赢怕输，反倒最终因心理崩溃而输掉比赛。为了使青少年足球运动员获得良好态度，有以下几种训练方法可供使用。

1. 身心放松法

身心放松法的方式有很多，如可以仰卧在舒适的地方，放慢呼吸，从而对心率、血压等植物性神经系统机能产生良好影响，使自我思想意念集中到轻松、安静、愉悦的感觉上，达到身心放松的效果。

2. 自我暗示法

自我暗示法是借助思想和语言的暗示，对自己的潜意识施加影响的方法，如青少年足球运动员在训练或比赛前可以给予自我心理暗示，如用"我准备好了，今天一定会有不错的发挥！""面对突发情况不能慌张，首先冷静下来！"等语言和默念来提示自己，目的是调节植物性神经系统机能，加强自我心理调控能力，使自身处于最佳心理状态。

3. 控制消极情绪

消极情绪的产生是经常遇到的情况，内外部因素都有可能给青少年足球运动员带来消极的情绪。心理态度的训练主要是让青少年足球运动员学会控制消极情绪，始终保持对比赛的积极性和乐观态度。

当青少年足球运动员对某种情景感到忧虑或缺乏安全感时，他就会产生焦虑的情绪。这种焦虑会有许多种表现方式。在心理方面，青少年足球运动员会表现出比平常更大的精神压力，头脑中会闪现出自我否定的话语与想法。

控制比赛时的紧张和其他消极情绪需要一个长期逐步改变的过程。长期有意识进行情绪控制是青少年足球运动员需要掌握的一种重要方法。因此，对消极情绪的控制要在日常训练中随时关注，一旦青少年足球运动员在训练中表现出消极情绪后，教练员可以即刻叫停训练指导或在整堂训练课结束后找青少年足球运动员单独交流等形式对运动员的消极情绪进行了解和消除。

(三)青少年足球运动员注意力的训练方法

在现代足球运动的心理训练中可采用多种多样的方法进行提高运动员注意力水平的训练。下面提供几种常用的训练方法。

1. 通过讲解的方法培养注意力集中

教练员要善于在平时的训练中或是在比赛前、中场休息以及赛后做总结，教练员在讲解的过程中都要刻意强调注意力集中的问题，如教练员的语言准确、简练、形象生动，使运动员感到既有兴趣又有新鲜感，吸引其全神贯注倾听，以集中其注意力。

2. 在训练方法上培养注意力集中

(1)结合技术训练的方法

可以通过结合技术训练，加强难度训练来培养青少年足球运动员的注意力，如三人颠两球，要求逆(顺)时针轮转，一次触球；再如，6～10 人站成圆形，同时用两球做传球练习，要求用脚内侧(脚弓)一次触球，球不能互相碰撞，也不能两球同时传到一人脚下；如10～20人在中圈做运控球、过人，要求不能碰到别人的球和身体等。

(2)结合战术训练的方法

可以结合战术训练的一些方法，以培养青少年足球运动员的注意力，如后卫线制造越位战术——在对方持球队员即将传空挡或传身后球时，后卫线听口令统一前压制造越位；或在本方防守中当球被向前踢出时，后卫线听口令统一前压，迫使对方后撤等；如攻方制造反越位战术——在上述两种后卫线制造越位战术时，由附近一名不处于越位位置的进攻队员听口令快速插上接球，制造反越位战术等。

(3)模拟比赛法

模拟比赛是最为贴近实战的一种训练方法。在模拟比赛训练时教练员要注意培养青少年足球运动员对比赛集中注意力的能力，要求青少年足球运动员在比赛中，要把注意力集中在贯彻教练员意图、完成技术动作、完成战术配合上。特别需要强调的是不要让运动员受到诸多外界客观因素的影响。

总之，心理训练的方法多种多样，且不同的青少年足球运动员在不同的训练实践中有各自特有的方式，训练所要达到的目的和需要解决的问题也各不相同，在使用时要注意灵活运用，酌情而定。

(四)青少年足球运动员自信心的训练方法

在足球运动中，运动员的自信心是在长期的训练和比赛实践中通过教练员的辛勤培养和自身的努力，帮助队员认真分析胜负的主客观原因，使个人能力在得到进步与提高的过程中逐步树立起来的。安排训练时要针对每个人的实际情况，切实可行、循序渐进，一味地要求过高可能会挫伤青少年足球运动员的自信心。青少年足球运动员自信心的训练方法有以下几种。

1. 鼓励法

当青少年足球运动员出现失误、受到挫折、技术水平停滞不前等情况时，不要讽刺、挖苦、训斥、责骂、处罚，要耐心帮其分析原因，找出解决问题的办法。对其刻苦努力和良好的表现要给予充分的肯定和鼓励，以使其相信自己的能力，从而重新树立自信心。

2. 念动法

念动法，也称为“心理回忆训练”。青少年足球运动员在训练或比赛前，对即将运用的技术、战术的要领、要求、方法、技巧等做系统的回忆，可以默想，也可以通过观看图片、影像资料等进行。在回忆过程中，要把完成动作的感觉和体验结合起来，以达到强化动作概念、改进和完善技术、战术的目的。

3. 讲述经验激励自信心

思维是自我想象空间的自我对话，用积极的话语、积极的心态进行自我对话，对增强自信心十分有益。

在足球训练和比赛中，每个青少年足球运动员都有成功的经历和体验，深贮内心的成功喜悦和美好回忆是激励自信心水平的动力。特别在赛前用成功的经历和体验来激励自信心是非常有效的。

(五)青少年足球运动员意志力的训练方法

青少年足球运动员意志力的培养和提高是靠潜移默化、渐进积累的过程，培养意志力的方法是多种多样的，教练员要随时在日常生活、训练、比赛中注意对青少年足球运动员意志力进行培养。

1. 在日常生活中培养意志力

教练员要善于对日常生活中的一些困难、矛盾的启发、诱导，使青少年足球运动员克服困难、解决矛盾，并积累解决困难和矛盾的经验，使青少年足球运动员树立信心，逐步养成坚强不屈的品质。

2. 在训练和比赛中培养意志力

（1）在艰苦环境下组织训练

在酷暑、严寒、大风、雨雪中进行训练和比赛是对青少年足球运动员意志品质进行磨炼的有效途径，教练员要提出严格、明确的要求，以达到良好效果。

（2）在困难的情况下坚持训练

在青少年足球运动员身体感到疲劳的情况下，仍能坚持完成训练和比赛任务，特别是大负荷、高强度的训练或对抗激烈、拼抢凶猛的比赛，是对意志品质非常好的磨炼。

青少年足球运动员在身体带有伤病不能正常训练时，能够在教练（或医生）的指导下，进行其他有助于伤病恢复、保持体能和状态的训练，也是对意志品质的考验。

值得注意的是，对于上述这些情况，教练员都要给予关心、支持和鼓励，同时青少年足球运动员要特别注意休息和恢复。

（3）模拟比赛环境进行训练

在对比赛环境条件及对对手特点进行了解和分析的基础上，安排相同情况下的适应性训练，就是所谓的模拟比赛环境进行训练。在现代足球运动中进行模拟训练的主要目的在于有效提高运动员的临场适应性与坚强的意志力，运动员可以通过模拟训练在头脑中建立起合理的动力定型结构，来应对比赛中随时改变的临场情况，从而将自己的技战术水平充分发挥出来。具体来说，模拟训练的具体做法有很多，其中以下几个方面是最主要的。

模拟赛场气氛：通常在现代足球运动比赛过程中，在场观众的噪声会在不同程度上影响到运动员的注意力，使运动员出现注意力分散和产生紧张情绪的情况。因此，在训练时，可以多邀请观众到场观看，造成一种热烈的氛围。亦可以采用放观众噪声录音的形式，音量从小到大地调节到接近竞赛时的实际程度，通过这样的训练，能够有效提高运动员适应赛场噪声的能力。

模拟对手：对即将面对的对手的情报进行搜集，比较常见的途径主要有：通过对对手以前的比赛录像等进行仔细的观看，然后有针对性地对一部分队员专门模拟对手的特点（技战术等方面）进行安排，或挑选一些与对手特点相似的队员，让他们与即将参赛者进行训练比赛，使其做到知己知彼、心中有数，使自身获胜的信心与意志力得到进一步的增强。

改变赛场局势：由于现在足球技战术的发展速度较快，且已经发展到了一个较高的阶段，因此，比赛场上情况的复杂程度也越来越高，一些难以预测的情况往往就会出现，鉴于此，就要求青少年足球运动员对变化的情景有一定的适应能力和较强的意志力。具体来说，可在比赛中有意识地采用改变比赛局势的方式。通过这种训练方法，能够有效发展和提高青少年足球运动员的意志力。

四、青少年足球运动员心理训练的注意事项

（一）注重团队心理氛围的维持

心理氛围是运动团队形成团体的最为重要的标志。团队的心理氛围主要是指全队及个别青少年足球运动员的情感状态。好的心理氛围是整个团队可以协同一致地进行有目的运动行为，在这种氛围下团队可以有效克服困难以及分享获胜的喜悦。

团队中的每名青少年足球运动员都要为团队的良好氛围作出贡献。队里呈现一种占优势的、有朝气的、活泼愉快的氛围，都会感染和作用于每名运动员，使他们获得良好的集体运动体验，并在一定程度上决定他们的自我感受。注重团队心理氛围的维持应从以下几方面着手。

1. 确立团队的道德准则

团队准则规定了队员在团队里的行动，这个准则会得到大部分队员的遵守和维护。由此也就可以看出，实质上这个团队准则

的作用就是调节青少年足球运动员的行动。每个队的准则的总和就表明了它的社会定向和情感反映的特点。

2. 保持良好的团队情绪

团队的情绪状态是心理氛围的特殊形式。通常而言，好成绩和胜利能够使每个青少年足球运动员和整个团队都产生一种由衷的满足感，进入情绪的高涨状态。这种情绪带来一股新的力量，提高了运动员为争取新的成绩而更有效的工作的愿望。失败也同样可以起一种促进作用，同样可以增添力量。但是，这需要分析失败的原因，吸取教训，克服消极情绪。

3. 减少团队冲突与竞争

团队中队员之间的冲突会导致极大的情绪波动，接踵而至的是悲伤、委屈、愤怒，甚至是仇恨敌视，这些都会产生一种潜在的矛盾。经受了挫折的青少年足球运动员在冲突时会产生一种特殊的心理状态(情感上的紧张、焦虑不安等状态)。这样的状态往往会伤害青少年足球运动员的自尊心，从而对训练和比赛不利。

显而易见，团队冲突对于一个团队活动的心理氛围起着消极作用，因为冲突者更多的是考虑自己的矛盾而不想整个团队。虽然冲突时常发生在少数人之间，但会吸引许多人参加讨论、调解，有时冲突者会形成集团甚至分裂和公开冲突趋势。因此，防止竞争变为冲突的最有效的途径，是在团队里进行超前的及预防性的心理疏导。

总之，重视团队心理氛围的建设能使足球心理训练效益扩大化，形成良好的团队意识，从整体上提高青少年足球运动员的心理素质水平。

(二)重视团队之间的人际沟通

但凡有人的地方就存在人际关系的问题。良好的人际关系关键在于彼此之间的沟通。在体育运动的团队项目当中，队员之间，队员与教练之间的人际沟通就是团队和谐的关键。

人际沟通可能是口头的，也可能是非口头的，两种形式都存在于具体的运动中，对体育运动产生巨大的影响。构成人际沟通的重要因素是情绪表达、信息传递、沟通网的性质等。这些要素对于了解青少年足球运动员在比赛、训练和其他社会接触时的沟通情况有着极为重要的意义。

在体育发达的国家，早就建立了运动团体社会心理咨询体系。实验表明，失败的队员间的沟通会逐渐变为消极的沟通。口头的和非口头的沟通方式是教练进行人际沟通时应考虑的两个重要指标。团队沟通有质与量的问题，如教练给予队员的沟通程度和关心程度的不同，也会影响到整个团队和团队的心理结构。那些受到忽略的队员到后来会被认为是无价值的。由于教练很喜爱某些队员，使这些队员因缺乏与同队其他队员之间的沟通的机会而感到自身被孤立。这些消极方面对青少年足球运动员的心理训练会产生负面影响，不利于运动员个人以及整个团队运动技能的提高。因此，在青少年足球运动员的心理训练中，应重视团队之间人际关系的沟通与协调，使队员之间相互信任和鼓励，为团结整体团队，提高团队作战士气创造良好的条件。

第三节　青少年足球运动员的智能训练

一、智能的基本情况分析

(一)智能的概念

青少年足球运动员对足球赛场上事态的认识和运用自己的知识对出现的各种问题进行解决的能力就是所谓的足球运

动智能。❶

在一般智能中，足球运动智能是其中较为基础的一种，它也是组成青少年足球运动员整个竞技能力的重要部分。青少年足球运动员在足球训练与比赛中，通过对多种学科知识进行利用来发挥自己的智能水平。

现代足球运动训练与比赛的专业化程度不断提高，这就对青少年足球运动员的智能水平提出更多的要求。运动员只有具备一定的智能，才可以顺利参与到足球训练与比赛的活动中。从某种程度而言，足球训练效果与比赛结果也会受到运动员的智能水平的决定性影响。所以，青少年足球运动员要对足球运动训练与比赛中智能的重要性进行充分的理解与重视。

（二）智能对青少年足球运动员的积极影响

（1）智能水平较高的青少年足球运动员，不仅能够比智能水平低的运动员更深刻地把握足球运动的特征及规律，而且能够更准确地认识、体验并掌握足球训练的理论与途径。所以，在足球运动的训练中，智能水平高的青少年足球运动员能够对教练员的训练意图进行更加准确的理解，能够为了预定训练计划的高质量完成与通过自身的自觉行为与教练员进行默契的配合，从而有利于在较短的时间内高效地完成足球运动的训练任务，并促进自身运动及竞技能力的不断提高与增强。

（2）智力水平较高的青少年足球运动员，其能够对合理的足球运动技术进行准确与快速的理解，从而使自己对足球运动技巧进行学习与掌握的过程明显缩短；智力水平高的青少年足球运动员也可以对足球运动战术的精髓和实质进行深入理解，在比赛中能够对各种战术进行机动灵活的使用。这类运动员所掌握的心理学知识较为丰富，对自己的心理活动的调动与控制是比较擅长的，从而能够使自身在足球比赛中对已有的竞技水平的出色发挥

❶ 孙文新，侯会生．现代女子足球科学化训练理论与实践[M]．北京：北京体育大学出版社，2009.

得到有效的保障,将更高的总体竞技能力表现出来,提高获胜的概率。

二、智能训练的基本方法

(一)一般智能训练

青少年足球运动员提高自身的运动智能需要以一般智能的提高为基础。所以,促进青少年足球运动员运动智能提高的基础就是促进一般智能中各因素的提高,如促进青少年足球运动员观察力、记忆力和思维力、想象力以及创造力等的提高。

1. 观察力训练

观察是一项知觉活动,它是有目的的,而且受思维的影响。感觉是观察的基础,青少年足球运动员需要具备的主要智力因素中,观察力是基础。对青少年足球运动员观察能力的训练与培养是一项十分重要的工作。足球比赛中,场上的情况瞬息万变,如果运动员没有良好的观察能力,就难以适应快速变化的情景,这时就会记忆力减退,必需的思维材料难以在大脑中出现,运动员只能靠盲目的感觉来采取对应的措施。人在对事物进行长期观察的过程中,对一定的观察方法进行了掌握,良好的观察习惯开始形成,这时运动员所具有的观察能力是有个性特点的。

在足球运动训练与比赛的过程中,对观察任务加以布置,对观察方法进行传授,对观察习惯进行培养,这是促进青少年足球运动员观察力提高的最基本方法。在初次对观察任务进行布置时,运动员要做好充分的准备活动,将观察计划制订出来,对观察任务加以明确,将观察的重点指明,清楚观察程序,观察完做好总结工作。运动员在对观察方法进行了解与掌握之后,应对观察任务及时加以布置,提出更高的观察要求。

2. 记忆力训练

记忆反映经验的主要方式是识记、保持、再认和回忆。在青少年足球运动员需要具备的众多记忆中，智力因素非常重要。逻辑记忆、情绪记忆、形象记忆以及运动记忆是人的记忆的主要分类。不管是哪一种记忆，都开始于感知记忆，然后发展为短时记忆，最后将短时记忆向长时记忆进行转化与强化。

促进记忆持久性、敏捷性以及快速正确再现等品质的发展是训练青少年足球运动员记忆力的主要目的。

促进青少年足球运动员记忆力发展的主要方法是，经常性地给运动员布置一些记忆的任务，如对一场足球比赛的情景加以记忆，记住对手的技术特点；对记忆的东西进行复述与回忆；将感觉记忆及时向短时与长期记忆转化；对记忆的方法与技巧进行掌握与运用。

3. 思维与想象力训练

青少年足球运动员智力的核心部分是思维。使青少年足球运动员对思维规律加以掌握，对思维进行熟练运用，促进思维能力的提高等是训练运动员思维的主要任务。

大脑通过对思维工具的运用，创造性地对思维材料进行加工的过程就是思维。脑是思维的主体，其发展水平会直接限制思维材料的占有量以及思维工具的运用程度。因此，促进脑的结构功能的发展是训练青少年足球运动员思维的终极目标。

人的思维有三种活动方式，即逻辑思维、形象思维和灵感思维。

对青少年足球运动员逻辑思维能力的训练可通过分析与预测比赛形势、加工与综合赛场信息等方法来进行。

对青少年足球运动员形象记忆力与想象力的训练需要在日常训练中不断加强，主要措施如下。

(1)加强青少年足球运动员对理论的学习与掌握,对现象和本质之间的联系加以明确。

(2)通过对图形与图表进行有意识的利用来对知识进行讲授。

(3)对青少年足球运动员直觉能力的培养要重视起来。

(4)在足球运动训练的过程中注意对运动员发掘即兴的灵感进行启发,对运动员奇思妙想的表达进行鼓励,对运动员创造性的灵感思维进行积极的培养。

在青少年足球运动员的思维训练中,至关重要的一项训练任务是思维速度的训练。在现代足球比赛中,运动员需要在高速运动中完成一切行动,如果在有限的时间内和激烈的竞争环境中缺乏较快的思维速度,运动员就会面临着时间、战机与取胜机会都将失去的风险。对思维速度进行训练的基本方法是在规定的时间内使运动员将思维任务完成,对思维步骤进行简化,对思路进行开拓,促使青少年足球运动员对注意力集中的习惯的养成。

(二)运动智能训练

传授知识、对技能的掌握以及智能开发是对青少年足球运动员运动智能进行科学训练的主要途径。

人们在通过各种实践活动后创造出知识这一重要的结晶,客观事物的属性、联系及规律能够以知识的形式反映在人们的头脑中。青少年足球运动员对知识的占有过程是通过一系列的环节来实现的,具体包括领会、理解、巩固、运用等,人的大脑通过这些环节来对外界的知识加以贮藏,人贮藏知识的过程也可以看作是人的智能活动的过程。人的智能能够通过这种智力活动得到有效的开发。

人们活动的众多方式中,技能是其中一种,足球技能是操作技能中的一种,智能的参与在青少年足球运动员获得这种技能的过程中发挥了重要的作用。通过训练青少年足球运动员的技能,不但能够使青少年足球运动员对足球技能加以掌握,而且能够对青少年足球运动员的智能进行开发，进而对运动员脑神经活动的发展产生积极的促进作用。

对知识的占有、对技能的掌握以及对智能的开发是互为条件的。开发智能的过程中需要有知识与技术的参与，运动员对知识的占有与技能的提高与智能的活动也是紧密相关的。然而开发智能和占有知识以及提高技能是存在差异的。在对足球运动的知识和技能进行传授的同时，为了使智能开发的目的达成，应对运动员的一系列积极的思维活动进行组织与引导，如判断、理解、推理、领会、巩固、归纳等，这样知识和技能的智能化就会实现，这时运动员在占有知识和掌握技能的过程中就融入了智能的开发活动。

1. 促进青少年足球运动员专业理论知识水平的提高

青少年足球运动员在对专业理论知识与其他文化知识进行学习与掌握的过程中，在具体的学习方法方面既存在共性，又有区分。

(1)与足球训练实践相结合来对足球专业理论知识加以学习

与足球训练的实践相结合，争取对实际效果的尽快取得，这是青少年足球运动员对专业理论知识进行学习与掌握的特殊要求。足球训练实践是足球科学理论知识的来源，而且所获得的知识要高于足球运动的训练实践，反过来也能够对足球训练进行科学有效的指导。因此，青少年足球运动员对专业理论知识的学习要与一定的训练实践相结合，尤其要与自己的训练实践相结合。为此，青少年足球运动员要特别注意对训练计划的制订与实施，每天在训练结束之后做好训练日记，对训练总结工作也要认真对待。青少年足球运动员要善于在足球训练的过程中发现问题，思考问题，进而解决问题。青少年足球运动员在与自身训练实践相结合的过程中对理论知识进行学习与掌握的同时，还需要注意对队员、对手以及国内外优秀青少年足球运动员的训练实践进行观察和研究、对比与分析，在研究中对提高训练成效的方法进行挖掘与探索。

(2)对相关学科的科学知识进行广泛的学习

青少年足球运动员要想进行科学的运动训练，就要对相关的科学知识进行掌握，这些知识涉及多学科、多方面。青少年足球运动员需要掌握的体育科学学科的知识十分丰富，主要包括体育社会学、运动心理学、运动生理学、运动解剖学及体育美学等，对这些学科的学习与掌握有利于对足球训练活动的科学组织，有利于足球竞赛的成功开展，也有利于优异足球比赛成绩的取得。所以，对青少年足球运动员的智能训练要求运动员不仅要对足球运动的理论知识进行掌握，而且要对相关的学科知识加以掌握。

2. 促进对知识进行运用的能力的提高

(1)促进对理论知识进行应用的自觉性的提高

足球教练员与运动员首先要对足球专业理论知识的意义与功能加以明确，而且要在自身训练的过程中自觉积极地对所学知识加以运用，这是促进运动员对理论知识进行运用的能力与水平提高的基础与主要手段。运动员在运用知识上要做好两方面的工作:第一是从实践中总结理论知识;第二是将所学理论知识运用到实践训练中。青少年足球运动员要以训练实践的需要为依据，对与训练相关的理论知识加以探索，并对其进行理解性的学习与掌握，然后在实践中对其加以运用。

青少年足球运动员只有以实践训练的需求为依据，才能有目的地对理论知识进行学习，才能有针对性地对理论知识加以运用，才能更有效地将实际问题解决好，而且会取得良好的学习与运用效果。例如，青少年足球运动员为了能够对训练负荷与强度进行准确的控制，需要学习通过对血乳酸指标的运用来对负荷强度进行控制的相关理论知识，通过对运动员各种强度训练负荷后的血乳酸峰值进行测定得出相应的数据，并以此数据为基础对青少年足球运动员负荷强度的定量指标进行确定，进而有效提高训练质量。

青少年足球运动员促进自身理论知识应用能力提高的另一个重要的方法是，通过对理论知识的系统学习来发现问题，并对训练进行有意识的改进。例如，现在世界各国足球教练员通过不断学习理论知识，不断改进足球运动的比赛阵型，出现了1—4—2—3—1、1—4—4—1—1等阵型，这对足球战术实践的发展具有积极的推动作用。[1]

(2)对于专题总结要认真做好

对运用专业理论知识于训练实践的工作情况应及时地进行深入的专题总结，这是提高应用水平的另一个重要方法。通过科学的总结，可以对理论的认识更加深刻，对于实践的解析更加准确，从而把认识提高到新的层次和新的水平。

教练员、运动员都应注意提高自身的科学方法水平，要学好逻辑学、科学方法论，以及体育统计、实验设计、调查访问等具体科学方法，这是进行科学的总结和从事科学研究工作必不可少的。

三、智能训练的基本要求

在对青少年足球运动员的智能进行训练的过程中，有以下几点要求需要做到。

(1)使青少年足球运动员深刻地认识到，对理论知识的学习和对运动智能的发展是十分重要的，对运动员的思维进行积极的动员，使运动员训练智能的自觉性得到提高。

(2)在对青少年足球运动员进行智能训练的过程中，对训练内容的选择和训练方法与层次的确定要以训练对象的实际情况为依据，实际情况具体是指青少年足球运动员的文化知识素养、专业知识水平以及个性特征等。

(3)在青少年足球运动员训练的整个系统中，融入运动智能

[1] 孙文新，侯会生．现代女子足球科学化训练理论与实践[M]．北京：北京体育大学出版社，2009.

训练，而且智能训练的比例要在整个训练中占有恰当的比例。

(4)应该对测定与评价青少年足球运动员智能的制度进行逐步建立。现阶段，我国还没有更好的方法与制度来评定青少年足球运动员的智能，评定智能的实践工作也开展得较为欠缺，这一问题需要进行进一步的研究。评定青少年足球运动员智能的工作要与足球训练与比赛相结合，在实践中进行评定，也可以对专门的测验与考查进行组织与实施，然后给予青少年足球运动员相应的评定。

第七章　青少年足球运动员技术训练研究

全面掌握足球技术动作方法及其相关理论知识、通过科学有效的方法进行足球技术训练、认真体会足球技术在比赛中的应用，是青少年足球运动员提高自身足球技术水平和竞技水平的基础条件，也是青少年足球运动员取得优异比赛成绩的重要前提。本章重点就青少年足球技术的基本理论、有球技术及无球技术训练进行研究，以科学指导青少年参与足球运动。

第一节　足球技术基本理论

一、足球技术的概念

足球技术指的是运动员在足球比赛中所采用的合理动作的总称。足球技术是在足球训练与比赛中不断形成、发展和完善起来的。

现代足球运动的竞技性越来越强，竞争也日益激烈，体现在比赛中主要就是比赛双方的攻防节奏在提升，队员积极采用全攻全守的打法来比赛。竞争日益激烈的竞技足球发展趋势对足球运动员的进攻和防守技术提出了较高的要求。所以，现代足球技术表现出了全面、快速、准确、实用等多方面的发展趋势。

二、足球技术的特征

(一)足球技术与意识相结合

足球运动员对足球比赛规律的认识及以临场变化为依据而对有效的行动加以适时采用的思维能力就是所谓的足球意识。一场足球比赛中会出现多种变化莫测的情况,各种突发状况也时常发生,在这种条件下,运动员要对良好的心理状态加以树立,以便可以从容应对突发状况。也就是说,足球运动员一定要树立积极的足球意识,以此来对突发问题进行及时有效的处理。

足球运动员在赛场上发挥自己的技术与战术离不开意识的支配作用。因此足球运动就具有技术与意识相结合的鲜明特征。这一特征不但对足球运动员的技术能力提出了一定的要求,而且还对其战术能力提出了较高的要求,具体即要求足球运动员对足球比赛规律进行深入理解,能够熟知不同战术打法的要点,并能够在复杂的比赛环境中进行准确判断,采取有效的行动。

鉴于足球运动具有技术与意识相结合的特征,因此在对青少年足球运动员进行培养的过程中,要注意在足球技战术训练中融入意识的培养,促使其足球意识的不断建立与深化。

意识的存在并不孤立,其受多方面因素的影响,如运动员的文化素质、理论水平、外界条件等。但是,不同的青少年足球人才拥有不同的天赋,天赋是影响运动员运动水平的关键因素,因此在足球训练中,教练员要对天赋较好的青少年后备人才进行大量的挖掘与重点训练。

(二)足球技术运用的目的性

足球运动员在赛场上使用每项技术都是为了达到一定的目的,这就是足球技术运用目的性特征的主要表现。然而,很多青少年足球运动员在对足球技术进行运用时都较为盲目，没有明确的目的，盲目使用足球技术难以取得良好的比赛成绩。因此，青少年足球运动员积极参与技术训练，在训练过程中积累经验，强化自己的技能，这样在使用技术时盲目性才会逐渐淡化，才能使每项技术都发挥出自己的优势。

在足球训练中，青少年足球运动员充分认识到技术运动的目的性，因此需要扎实地掌握全面的技术能力，并能够对各项技术都进行熟练、恰当的运用，从而提高技术运用的有效性。

(三)足球技术的即兴发挥性

足球比赛涉及的因素诸多，较为复杂，且还有意外状况随时会发生，这就要求运动员能够对现有技术进行灵活运用，从而对各种突发问题进行妥善的处理。这就是足球技术即兴发挥性特点的主要表现。随着现代足球竞赛的日益激烈，运动员在比赛中没有更多的时间与空间来处理球。这就需要运动员对即兴发挥这一超常技术运用能力加以掌握。需要注意的是，运动员只有具备了良好的技战术能力，才能对技术进行自由发挥。

足球运动员在比赛中对技术的即兴发挥并不是盲目的，也不是毫无依据的，相反，运动员必须清楚地意识到自己的即兴发挥要达到怎样的目的，这就要求运动员必须对全面的技术加以掌握，对良好的意识加以树立，对坚定的心理品质进行培养，并促进自身快速反应能力的提高，并在短时间内将这些能力迅速表现出来。足球技术的即兴发挥性是优秀足球运动员必须具备的一项重要素质。

三、足球技术的分类

足球技术可分为锋卫队员技术和守门员技术两类，而这两类技术又分别有有球技术和无球技术两个小的类别。锋卫队员技术和守门员技术中的无球技术是重叠的，有球技术中也有类似的技术动作，如踢球技术（图 7-1）。

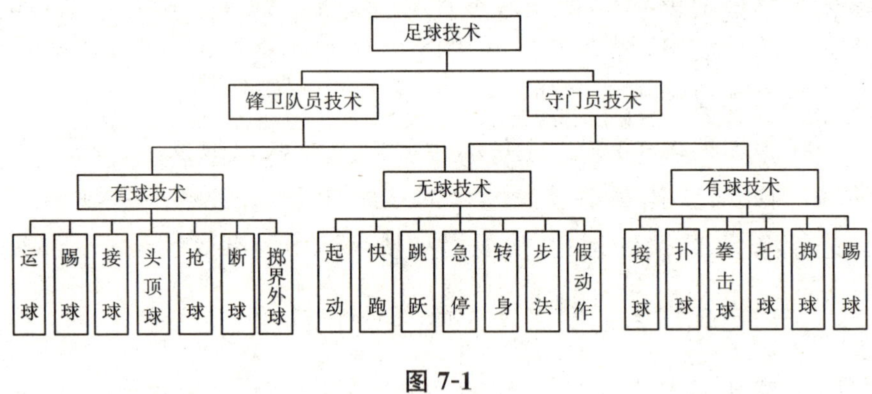

图 7-1

第二节　青少年足球运动员的无球技术训练

一、青少年足球运动员的无球技术动作方法

（一）起动

1. 原地起动

原地起动是指运动员在经历一次激烈的对抗后，在调整体能时，以赛场上的情况为依据身体进入下一轮的跑动中。在原地起动时，运动员要首先将头和肩快速伸出，蹬地并以短小步幅跑；前几步重心要低，两臂摆动要用力。

2. 运动中起动

运动中起动是指运动员身体处于位移状态时，以场上情况为依据，身体随着比赛节奏快速进入相应的跑动中。起动时，对于场上情况要进行随时观察，脚步保持预动状态，用力蹬地并以短小步幅跑，随后逐渐加大跑动步幅和步频。在与对手相接触时重心要低。起动过程中两臂摆动时自然用力即可。

（二）晃动

上身侧倾及以身体垂直轴为中心的扭转便是晃动。运动员在比赛中采取晃动动作，主要是为了对对手造成误导，使其重心移向一侧从而失衡，从而达到突破防守的目的。在无球状态下，运动员在将对手的紧盯进行摆脱时，也要和有球一样，即虚晃肩、腿、髋和臂以使对手失去平衡。运动员的晃动能否达到良好的效果，主要看其是否熟练地掌握了急停、起动和转身等无球技术。运动员上身在进行大幅度的虚晃时，要注意晃动的稳定性。如果晃动动作失去了稳定，就会影响假动作的逼真性，使对手看到破绽，达不到良好的效果。

（三）跑动

足球运动员在比赛中需要随时对跑动的速度和方向进行调整，跑动时身体重心偏低，双脚与地面距离较近；双臂摆动幅度稍小于正常冲刺跑时的双臂摆动幅度，这对于身体平衡的保持与步法的灵活调整较为有利。

1. 快跑与中速跑

在快跑与中速跑时，运动员应对比赛场上的即时情境加以观察，在对“空当”进行制造的过程中采用中速跑的跑动方法；在向对方防守“空当”插入时，应快跑，或适当进行冲刺跑。

在中速跑与快跑的过程中，运动员不仅要确保身体动作的准确性，还要注意保持重心的稳定性，前腿及膝不宜过高，适度、自然地摆动两臂；对腿的动作速度也要予以一定的重视，腾空时间不可过长。

2. 冲刺跑

在足球比赛中，运动员多在后场截击球后的反击中采用冲刺跑，无球队员这时应对最佳进攻空间进行合理选择，向最合理的位置快速冲刺，对同伴的传球进行接应，从而制衡对手。冲刺跑时，运动员依靠蹬地的力量支撑身体向前，身体要保持放松，避免晃动头部，摆臂力度相应加大，但不要将双拳紧握，以免导致肌肉紧张。

(四)跳跃

1. 单足跳

青少年足球运动员在起跳时，起跳腿置于身体前且脚跟先着地，身体稍微向后倾斜以完成制动，起跳腿膝部弯曲以便能够用力蹬地，屈膝的同时后腿摆起，同时用力将两臂摆向前上方，尽量全力向上摆，避免向前摆动手臂。

2. 双足跳

前脚掌均匀支撑身体重心，两脚开立与肩宽基本相同，身体稍微向前倾斜，头部适当前伸，两臂用力向上甩，以最佳屈膝角度屈膝最大限度地起跳。

(五)保护

1. 倒地保护

倒地时，运动员切忌硬撑，要迅速团身、转体、顺势滚动，然后快速从地面站起。

2. 跳起落地倒地保护

落地时，运动员因身体重心失衡而倒地时，切忌用手硬撑，要迅速屈膝、团身、转体、顺势滚动，然后从地面迅速站起。

二、青少年足球运动员的无球技术训练方法

（一）起跳训练

（1）“蛙跳”追逐训练。

（2）采取定距离（50～80 米）或定时（120～180 秒）的“袋鼠跳”训练。

（3）进行体操凳上下跳或跨越跳训练，共练习 3～5 组，每组 150～200 次，每组间歇 5～10 分钟。

（4）进行体操凳“跛脚跑”训练。直线连接 4～5 个体操凳。在训练过程中，青少年足球运动员的双脚一只在凳上，另一只在地上。

（5）在体操桌上进行双脚连续跳训练，次数控制在 30～50 次为宜。合理安排起跳训练时间，不可过长，最好在运动员较为兴奋时采用这一练习方法，注意训练过程中的安全问题。

（6）跑动中连续顶吊球。一般在 30～50 米长的跑道上进行，每 5 米悬挂一个吊球。

（二）跳跃训练

青少年足球运动员的跳跃训练方法如下。

（1）青少年背向教练员坐或蹲，教练员从其背后将球掷出后，立即起动追赶球。

（2）朝起跑方向做好准备姿势（头、脚、身体等都要做好准备），教练员发出视觉信号后，迅速起动疾跑 25～30 米。逐渐调整训练间歇时间，从 5 分钟开始，每次缩短 10 秒，递减到 30 秒后停止训练。

（3）教练员发出视觉信号后，青少年足球运动员开始做各种方向的翻滚动作（面向起跑方向翻滚、背向起跑方向滚翻、侧向起

跑方向翻滚)，然后疾跑 25～30 米，逐渐调整训练间歇时间，从 5 分钟开始，每次缩短 10 秒，递减到 30 秒后停止训练。

(4)沙地或锯末地、泥泞地的疾跑训练，距离以 25～30 米为宜。

(5)在倾斜角为 5°～10°的坡上进行站立式上坡跑训练，或 25～30 米的斜坡跑训练。练习者在看到教练员发出的信号后再开始起动。间歇时间以相同的幅度逐渐减少。

(6)进行 5 米×10 米的模仿跑训练(需由队长带领)。训练间歇时间为 3 分钟。

(7)在 300～500 米的场地上进行变速跑训练。以教练员的指示为主调整速度。

(8)在 15 米×15 米的场地上进行一人追、一人摆脱的游戏训练，两人可互换角色进行训练。

(9)进行 30 米的绕立杆跑训练，立杆最低为 1.5 米，两杆间距为 2.5～1.5 米。从前向后逐渐缩短立杆间距。

(三)变向变速训练

(1)进行 15 米全力跑训练，并在一个固定目标下急停。

(2)在 20 米×20 米的场地内，练习者观察教练员手势，做与教练员手势相反方向的全力跑训练。

(3)观察教练员手势，在 10～20 米内突然起动，并向左右方向进行 90°、180°、360°的转身下蹲及跳跃训练。

(4)在中圈内，一名练习者跟随另一名练习者做突然起动、起跳、急停及卧倒等动作的训练。

(5)两名练习者与足球墙背向而坐(或俯卧、仰卧、下蹲等)，教练员将球踢向足球墙，练习者听到响声后立即起动追球。

(6)练习者沿 3 米长的正方形边线全力进行绕圈跑。

(7)进行 50 米的绕立柱追逐跑训练，立柱间的间距为 2.5 米。

(8)进行 30 米“折回跑”训练。2 名练习者可以通过竞赛的形式进行训练。

(四)假动作训练

(1)进行两脚交替跨跳的训练。

(2)在训练场的中圈内对8～12根立杆进行无规则设置，练习者在此进行快速曲线跑训练。

(3)4名练习者在罚球区半场内进行一人追逐三人的训练。被追逐的练习者通过假动作来躲闪同伴的追逐，但跑动范围只限于训练场内。被追逐到的练习者担任追逐者角色。

(4)练习者间隔3～4米排列，处在队尾的练习者以最快的速度自后向前从2名队员中间穿插跑过。

第三节　青少年足球运动员的有球技术训练

一、青少年足球运动员的有球技术动作方法

(一)传接球技术动作方法

1. 传球技术

传球技术是足球运动中青少年运动员需要掌握的一项最为基本的技术。足球赛场上的集体配合离不开传球的基础作用，战术配合、争取时间和空间、突破对手防线、创造射门时机等都要以传球为前提。在传球时有以下几个要点需要注意。

(1)传球动作应尽量快速、简练地完成。

(2)在后场时横回传动作要尽量少做，风雨天更应该注意少做横回传。

(3)传球前要对周围情况多加注意，对同队队员和防守队员

的意图进行准确判断。

(4)传球时要将自己的意图隐蔽起来。

2. 接球技术

(1)脚背正面接球

用支撑脚来维持身体平衡，接球腿膝部弯曲向前上方抬起，脚背正面与来球相对。当球与脚背触碰时，小腿与脚腕自然回收，使来球力量变缓并落在身前(图 7-2)。

图 7-2

(2)脚内侧接球

①脚内侧接地滚球

支撑脚与来球方向正对，膝关节稍微弯曲，上体稍微向前倾斜，身体重心置于支撑脚。将接球脚抬起(约一球高)，大腿外旋，稍微弯曲膝关节，脚掌平行于地面，脚内侧与来球相对。当脚与来球接触时，快速将大腿放下，用脚内侧作为切面与来球前缘相切，切后接球脚随即微微向上提，将来球挡在身体前并使其缓缓滚向前方(图 7-3)。

②脚内侧接反弹球

快速将支撑脚置于球落点的侧前方；将接球脚抬起，膝关节外转，脚内侧与球的反弹方向相对。脚内侧与球碰触的瞬间，要稍向下压脚，以使球的反弹力量得到缓冲，并使球顺利落在脚前

（图 7-4）。

图 7-3　　　　图 7-4

③脚内侧接空中球

脚尖稍微向上翘起，脚内侧与来球相对。脚内侧与球触碰的一刹那快速向后撤或向下压，以使来球的力量得到缓冲（图 7-5）。

图 7-5

（3）胸部接球

①挺胸接球

身体与来球相对，两脚前后或左右开立，稍微弯曲两膝，略微向后仰上体；当胸部与球接触时，提起脚跟，憋气挺胸，使球轻轻在胸部弹起（图 7-6）。

②收胸接球

身体与来球正对，两脚开立（左右或前后），自然将两臂张开，挺胸主动迎球，当胸部触球时，迅速缩胸、收腹，用胸扣压球以对来球力量进行缓冲，从而使球从胸部下落（图 7-7）。

图 7-6　　　　图 7-7

(4)大腿接球

接球腿大腿抬起,大腿中前部与下落的球相对,当球与大腿接触时,顺势将腿向下撤,使球成功地落在下个动作所需的位置上,为下个动作做准备(图 7-8)。

图 7-8

(二)运球技术动作方法

运球是指运动员身体的某一部分触碰球,使球随自己一起运动,并对运球过人的方法加以利用从而将防守队员超越的技术。

1. 脚背正面运球

上体稍微向前倾斜,按照正常姿势跑动(注意控制步幅)将运球腿提起,稍微弯曲膝关节,髋关节向前送,提踵脚尖下指,在着地前用脚背正面触碰球的后中部推送球前进。

2. 脚内侧运球

支撑脚一直都要比球领先，位于球的侧前方向，肩部与运球方向相对，将支撑腿的膝关节稍微弯曲，重心向下移动，另一条腿提起并将膝部弯曲，用脚内侧推球，运球脚顺势触地。

3. 脚背外侧运球

上体稍前屈，按照正常跑动姿势（步幅不宜过大）将运球腿提起，膝关节稍微弯曲，髋关节前送，提踵脚尖绕矢轴向内旋转，使脚背外侧与运球方向正对，在运球脚落地前，脚背外侧对球的后中部进行推拨。

4. 运球过人

运球时要逼近防守者，身体要将球保护好，并用与防守者相隔较远的那只脚对球进行控制。过人时身体重心自然降低，运用假动作使对方重心失衡，运用拨、拉、扣、挑等技术动作快速将对手摆脱并越过对手（图 7-9）。

图 7-9

(三)颠球技术动作方法

颠球指的是用人体的有效击球部位连续不断地将空中下落的球击向空中，球在空中未落地就可以进行颠球。

1. 挑球

支撑脚置于球的侧后方25～30厘米处，膝关节稍微弯曲，支撑身体重心，挑球脚前掌置于球顶部位，小腿弯曲(大腿微伸)轻轻将球拉向身体，当球被拉动后，前脚掌快速着地并向往回滚动的球伸展，当球滚至趾背时，脚趾伸，大小腿稍屈，并向前上方轻轻将球挑起。

2. 正脚背颠球

用脚背正面击球，击球瞬间踝关节保持紧张，击球的下部，由于摆腿而造成的击球后球产生一定的向内旋转是正常现象。颠球时，两脚可交替击球，单脚连续击球也可以。击球时要确保用力均匀，将球稳定地控制在自己的周围。

3. 脚内侧、外侧颠球

抬腿屈膝，脚的内侧或外侧向上摆动，击球下部，双脚内侧或外侧交替击球、单脚连续击球均可。

4. 头部颠球

两脚左右开立，膝部稍微弯曲，前额部位顶球的下部，动作要连续进行。顶球时颈部保持紧张，两眼与来球相对，自然将双臂张开，维持身体平衡。

5. 大腿颠球

屈膝抬腿，用大腿的前三分之一部位向上击球下部。不宜过高地抬腿，高度与髋关节同高或稍高即可。两腿交替击球、单腿连续击球均可。

(四)踢球技术动作方法

1. 脚背正面踢球

踢定位球时,采用直线助跑的形式,两眼注视球,支撑脚置于球侧后方 25 厘米处,脚尖指向出球方向。绷直踢球脚的脚背,用脚背正面击球的后下部(图 7-10)。

图 7-10

脚背正面踢地滚球时,脚趾应与出球方向对准,明确击球部位,以保证击球时用力的有效性。如果来球速度较快,需要加大摆踢力量,对出球方向进行调整,将其初速度对击球方向的影响降到最低。

2. 脚内侧踢球

以踢定位球为例,以直线的形式助跑,两眼注视球,支撑脚置于球侧后方 10～15 厘米的位置,脚尖指向出球方向。以髋关节为轴将踢球腿从后向前摆动,脚踝部位外展,脚尖稍微翘起,脚内侧部位与来球相对(图 7-11)。

3. 脚背外侧踢球

以踢定位球为例,助跑、支撑脚的位置和踢球腿的摆动类似于脚背正面踢球,只是在踢球腿向前摆动时,要向内转动膝关节,脚趾内扣，脚外侧与地面基本保持垂直，脚外侧击球的后中部。

图 7-11

4. 脚背内侧踢球

踢定位球时，采用斜线助跑的方式来完成助跑动作，助跑方向和出球方向之间的夹角大约为 45°。支撑脚在球侧后方 25 厘米处，脚尖指向出球方向。脚背内侧踢球的后下方。踢球时要绷直脚背，扣紧脚趾，脚尖指向斜下方(图 7-12)。

图 7-12

脚背内侧踢地滚球时，要注意对身体与出球的角度关系进行调整，以使踢球腿能够准确发力。

(五)头顶球技术动作方法

1. 前额正面头顶球

(1)原地顶球

身体与来球方向正对，眼睛注视来球，两脚分开站立(左右或前后），膝关节稍微弯曲，身体重心落在两脚间的支撑面上，自然地将两臂张开，当球即将通过重心并与地面的垂线相垂直时，两腿用力蹬地，快速向前摆体，微收下颌，即将触球的瞬间颈部快速振摆，前额正面击球的中部并顶出球（图 7-13）。

图 7-13

（2）原地跳起顶球

两腿膝部弯曲，重心向下沉，两脚用力蹬地起跳，两臂肘部弯曲并向上摆，在身体上升阶段挺胸展腹，眼睛紧盯来球，自然将两臂张开，身体成背弓姿势。当球到达身体额状面时，腹部迅速收回，向前摆动上体，触球时颈部迅速振摆，用前额正面顶出球。将球顶出后两腿膝部与踝部同时弯曲并落地（图 7-14）。

图 7-14

(3)跑动跳起头顶球

对来球速度、运行轨迹进行准确观察与判断后,对起跳位置进行合理的选择,在起跳点起跳时,起跳的前一步稍用力,起跳脚蹬地跳起。同时,将另一腿的膝部弯曲并向上摆,弯曲两臂肘部并自然上提。其余动作参考原地跳起头顶球。

(4)鱼跃头顶球

对来球的路线进行准确的判断后,对顶球点作出恰当的选择,单脚(或双脚)用力向前蹬地,身体水平向前跃出,同时两臂稍微弯曲并向前伸展,眼睛紧盯来球,手掌向下,身体向前跃出,用前额正面将球顶出(图 7-15)。

图 7-15

2. 前额侧面顶球

(1)原地顶球

以来球的运行速度、运行轨迹为依据及时移动到合理的位置。两脚开立(左右或前后),出球方向的异侧脚在前,重心逐渐向前脚过渡,前膝稍微弯曲,眼睛紧盯来球,两臂自然在侧前后张开,当球到达体前上方时用力蹬地,适度旋转前脚掌,上体随势向出球方向扭摆,同时向击球方向用力甩头,用前额侧面顶球的后中部。

(2)跳起顶球

动作方法与前额正面的跳顶方法相似,主要区别是,前额侧面跳起顶球时,上体在起跳上升阶段向出球的相反方向回旋转体。当重心位于最高点时,上体向出球方向侧加速转动,摆体侧甩,可利用脚的侧下蹬来使侧摆速度加快,用前额侧部将球顶出(图 7-16)。

图 7-16

(六)抢截球技术动作方法

1. 正面抢截球

正面抢球主要用于对手从正面运球前进时的情况下。对身体重心进行控制,两膝弯曲,上体向前倾斜,仔细观察对手的脚下动作,当对手触球时,向前跨出支撑脚并将球控住。

2. 侧面抢截球

身体重心降低,身体与对手相靠近,手臂与身体紧贴。当对手近侧脚离开地面时,运用肩以下、肘以上的部位用力对对手的相应部位进行冲撞,使对手身体重心失去平衡,伺机伸脚将球控住。

3. 侧后抢截球

在对手进行突破时，为了进行回追反抢，多采用侧后抢截球的技术方法，由于在位置上不占优势，因此要通过抢前动作来获得主动，一般采用倒地铲球的方法进行抢截球。

(七)守门员技术动作方法

1. 接球技术

接球是守门员需要掌握的一项重点技术，也是守门员经常运用的第一种常见技术。接球技术掌握起来较为简单，具有广泛的适用性，而且稳定性较好，对于充分发挥守门员的作用具有积极的影响。

(1)接平空球

平空球专指位于膝部以上、胸部以下的空中球。接球时与来球相对，双手手掌的掌心向上，两手小指紧靠，前迎接球。上体稍微向前倾斜，当双手接到球时稍微向后撤以使来球力量得到缓冲，然后将球抱在胸前部位(图 7-17)。

图 7-17

(2)接高空球

与来球相对，两臂向上伸展，两手拇指以八字形张开，其余四指稍微弯曲，手掌对球。在最高点手与球触碰的瞬间，手指、手腕稍微发力将来球接住并缓冲来球力量，腕部顺势转动，肘部弯曲，下引将球抱在胸前部位(图 7-18)。

图 7-18

(3)接地面球

①直腿式接地面球

与来球相对，弯腰时伸直两膝，将两腿分开，腿间距离要小于球的直径，两手掌心向上，前迎触球后把球抱在怀中(图 7-19)。

②跪撑式接地面球

多用于向侧移步接球。接左侧球时，左腿屈，右腿跪撑于左脚附近，距离不得超过球的直径，其余动作与直腿式接球相同(图 7-20)。接右侧球时，动作相同，方向相反。

图 7-19

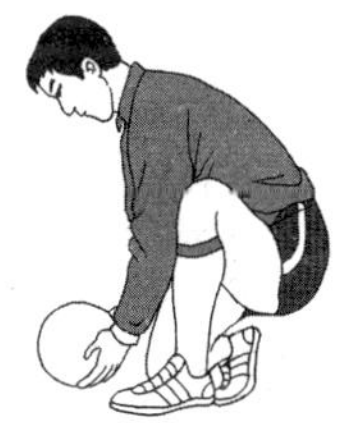

图 7-20

2. 扑球技术

扑球技术在守门员技术中属于难度较高的一项技术，但如果守门员可以将其顺利完成，也是极具观赏性的。

(1)腾空跃起侧扑

①扑地滚球

重心下降，向球侧倾斜移动身体。同侧脚侧上步，脚掌外侧蹬地发力，使身体以水平状腾空，双手同时以最快的速度迎球，身体充分展开。接球手型为球窝状，通过压腕和手指将球用力控住。落地时，双手将球按住，随即肘部弯曲，前臂、肩部、上体侧面和下肢依次着地。注意膝部弯曲团身保护好球，并顺势将球抱住起身。

②扑平高球

重心置于踏跳脚，脚外侧蹬地发力，使身体向来球方向跃起腾空。伸出手臂迎球，充分伸展身体，并以球窝状手型发力将球稳稳地接住，重心随后下降，落地缓冲，之后的动作方法与扑地滚球相同。

(2)倒地侧扑接球

①扑两侧球

两眼紧盯来球，重心位于两腿之间，双脚时刻做好蹬地的准备，集中精力。扑球时，异侧脚内侧蹬地发力，同侧脚膝部弯曲迎球跨出，上体顺势压扑以使重心的前移倒地速度加快，双臂同时迎出将球接住，腕关节稍内扣，用手掌挡压控球。触球后臂部弯曲将球收到胸前，同时快速抱球起身。侧倒过程中，身体各部位的缓冲着地是有一定顺序的，即小腿、大腿、臀部、肩和手臂外侧先后着地。

②扑脚下球

两眼注视并判断对手将要起脚射门的方向，扑球时重心降低出击迎球，在对手起脚射门的一刹那，快速倒地侧扑封堵球路，将球接住或挡出，随即做屈膝团身。

3. 托球技术

在临近球门的防守中，通常会采用托球技术。托球时，与球相接近的一侧手臂伸出迎球。触球的瞬间，向后仰手腕，用掌跟部顶推发力，将球向侧或向上托起（图 7-21）。

图 7-21

4. 拳击球

拳击球一般用于出击时的防守中，在没有把握争抢高球的情况下，可利用单拳击球法或双拳击球法将球击出。击球时要对来球运行路线进行准确判断，并及时移动到适当的位置，将拳握紧，在与球相接近的瞬间迅速出拳击球。拳击球有两种主要的方式，即单手拳击球、双手拳击球。拳击球时，动作要灵活，要加大手臂摆动幅度，以较大的力量将球击出。

二、青少年足球运动员的有球技术训练方法

（一）传接球技术训练

1. 单人训练

（1）将球向上抛起或踢起，球下落时适当运用身体部位进行停空中球或反弹球训练。

(2)对墙踢球,通过身体的适宜部位主动接从墙面反弹回来的球,反复练习。

2. 双人训练

(1)两人一组,一人抛球,一人接球,进行接空中球或反弹球的训练。

(2)运球的同时进行地滚球、空中球或反弹球等训练。

3. 游戏练习

(1)网式足球

如图 7-22 所示,准备 2 块游戏场地(以排球场地的规格为标准),将 5 名练习者分为一组,共分 4 组。每两组共用一块场地,2 块场地上的练习者同时开始游戏。两组练习者在一块场地上各占半块,每组队员按相应的位置站好。由其中一队开始先发球,具体方法参照排球比赛规则进行。

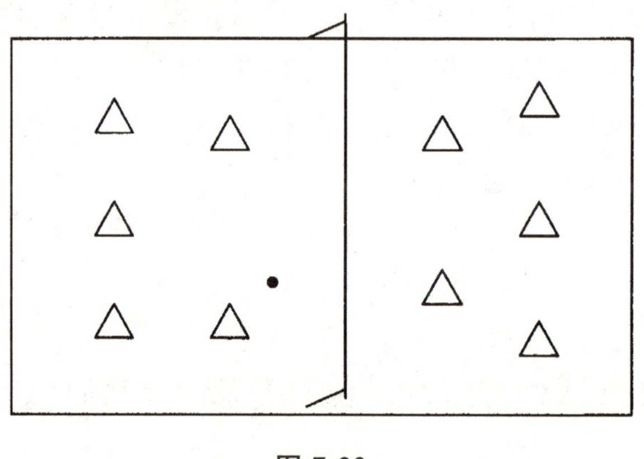

图 7-22

游戏规则如下。

首先,练习者连续触球或将球传向对方时不可运用手臂部位。

其次,每组练习者在接球时允许落地一次。

再次,同一组的练习者可以进行不超过 3 人次的相互传球配合。

最后,赢一球得 1 分,最先赢得 10 分并比其他组高出 2 分的练习组获胜。

(2)接球稳定比赛

如图 7-23 所示,画半径为 2 米的圆圈。将 5 名练习者分为一组,每轮游戏需要两组共同参加。开始游戏后,一组练习者传球,另一组练习者接球。每次游戏分为 5 轮进行,每轮游戏中,接球组选一名练习者进入圆圈接球,传球组的练习者在圆圈外站立,每人持一球将其传给接球组的人员。接球组的练习者成功接球一次得 1 分,5 轮游戏结束后,两组练习者交换角色继续进行游戏。第二次游戏结束后,得分最高的一组获胜。

游戏规则如下。

首先,传球者传球给接球者时,用手、用脚都可以,但不能使用过大的力量传球,避免将接球者砸伤。

其次,传球者传球时站在圈外的任意位置都可以,但不能越过圆弧进入圈内。

再次,圆圈内的接球者接控球时不能用手臂之外的身体部位,在球未出圈以前将球控制好就能够得 1 分。

最后,接球者接完一个球后,教练员要对其是否得分进行判定,然后传球者才能继续向圈内传球,否则传球无效,教练员宣布接球组直接得 1 分。

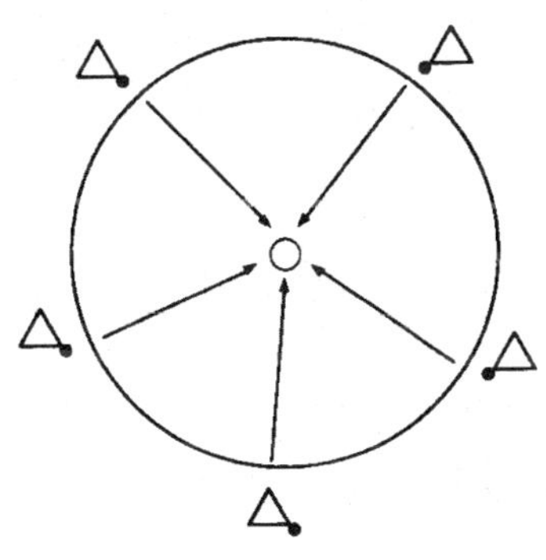

图 7-23

(3)颠传球接力赛

如图 7-24 所示,先画一条起跑线,在距离起跑线 20 米的位置,将两个标志物以 10 米的间距平行放置。将 10 名练习者分为一组,两组练习者在起跑线后面对提前放置的标志物站立。开始游戏后,两组中的前两名练习者同时一边向前跑动,一边相互传球,直至跑到标志物的位置后向起点处返回。然后,两组队员中的第三、四名练习者继续按照同样的方式进行游戏。率先按照规则完成游戏的一组练习者获胜。

游戏规则如下。

首先,在游戏过程中,每组练习者都不能故意对对方进行干扰,一旦被教练员认为采取了干扰行为,就要重回起跑线进行游戏。

其次,游戏中每组的两名练习者必须连续相互传接球,如果发生球落地现象,就要重新选好位置进行游戏。一般选取两名练习者中距离标志线最近的一名练习者所处的位置进行游戏。

再次,传球者到达标志物所在的位置后,直接折返回起点,不需要绕过标志物。

最后,传球者和球都到达起跑线后,后两名练习者才可出发。

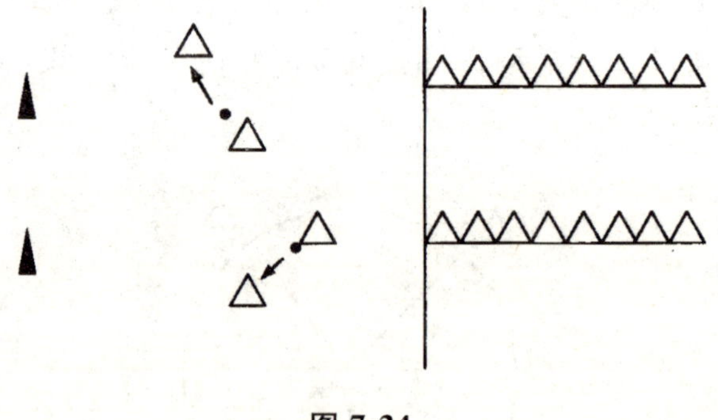

图 7-24

(4)两人连续传控球

如图 7-25 所示,将 2 名练习者分为一组,二人间隔 5 米左右的距离,相对站立,其中一名练习者持球。开始游戏后,持球者将球立即传给另一名练习者,接球者接球后再回传给对方。双方连续重复传球，传球次数累计 30 次后停止传接球，率先完成游戏的一组获胜。

游戏规则如下。

第一，接球者为了稳定地控制好球，可以对球进行连续调整。

第二，在传球或接球过程中倘若球落地，练习者需立即将球捡起继续游戏。

第三，在传球时，传球者必须传高出地面的球，否则传球无效。

第四，一次有效的传球是接球者将球接控后传回对方。

第五，用累计的方法对一组练习者传球的总次数进行计算。

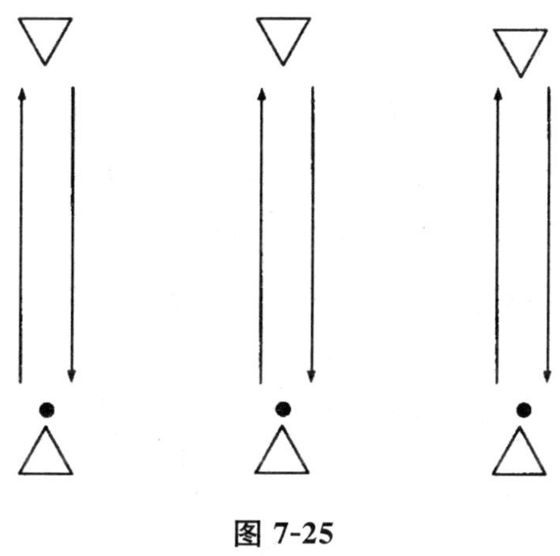

图 7-25

（二）运球技术训练

1. 一般运球技术训练

（1）无对抗训练

①直线运球

两名练习者相距 10～30 米纵位站立，一名练习者直线运球传给同伴，同伴接球后直线运球传给对方，连续进行练习。

②圆周运球

练习者可沿中圈做圆周运球，运球一周后将球传给下一名练习者,依次进行训练。

③"8"字运球

设立两根相距5～8米的旗杆,一名练习者运球绕旗杆做"8"字运球,运回后将球传给另一名练习者,依次进行练习。

④变速运球

练习者持球做匀速运球练习,教练员发出变速信号后,练习者立即转为变速运球。

⑤曲线运球

设置若干旗杆障碍,杆间相距1.5～2米,练习者曲线运球绕过障碍物。

(2)对抗训练

①消极对抗训练

防守队员消极抢球,做各种防守动作来对控球队员的注意力造成干扰。若防守队员向左侧跨步,控球队员应从右侧运球突破。练习中应要求控球队员牢牢将球控于脚下,视情况迅速转变运球方向,运球突破过程中应尽可能快地超越防守队员。

②积极对抗训练

控球队员靠近位于中线的防守队员,防守队员只可以在线上向左右方向移动。

2. 运球转身技术训练

(1)无对抗训练

①无球模仿各种转身运球的练习。

②进行慢动作模仿转身运球的练习。

③听教练员信号做转身运球的练习。

(2)对抗训练

①消极对抗训练

第一,两名练习者一球,一名练习者消极防守,另一名练习者进行转身运球练习。

第二,A、B、C、D 4名练习者一组用两个球进行运球转身练习。A、B背对背站立，C、D分别将球传给A、B，A、B接球转身之后，将球传给D、C。到规定时间后交换位置继续练习。

②积极对抗练习

两名练习者一球，无球者竭尽全力防守，控球者通过转身技术来突破。

3. 运球过人技术训练

(1)内引外拨

练习者做脚内侧斜线内引运球，注意对运球速度进行控制，保持运球姿势的平衡，收到教练员发出的信号后快速改用脚外侧拨球，并起动加速跟上球，对球进行控制后再做斜线内引运球，重复练习。

(2)一攻一防

两名练习者一组，一名练习者持球，另一名作为防守者进行过人突破练习，防守者可由消极防守逐步向积极防守过渡，可定时交换攻防角色。

4. 游戏训练

(1)脚背正面运球接力比赛

开展脚背正面运球接力比赛的目的是促进青少年足球运动员脚背正面运球能力的不断提高。如图7-26所示，画两条间隔20米的平行线。把练习者分为两组，每组人数要相等，再分别把每一大组分为两个小组，同样要求人数相等，两个大组的练习者在两条起点线后相对站立。站在每个大组同侧的任意一个小组的第一名练习者各持一球。

开始游戏后，持球的两名练习者朝对面同伴的方向迅速运球，直到对面的起点线后将球交给同伴，然后站到本组的队尾。同伴按照相同的方法把球运到对面后，将球交给对应的同伴，然后站到本组的队尾，依次类推，直到所有运动员都完成一轮，游戏停止。最先完成游戏的大组获胜。

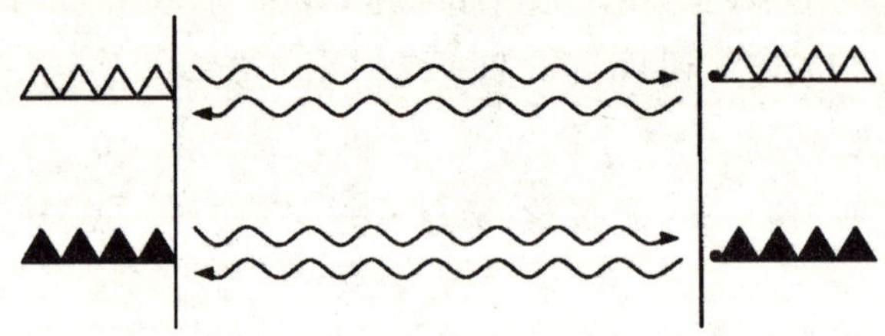

图 7-26

(2)带球过杆接力比赛

组织带球过杆接力比赛的目的是促使青少年足球运动员运球连续变向的能力不断提高。如图 7-27 所示,画两条起点线,将两排标枪以 2 米的间距在两条起点线之间平行放置,每排 10 根。把练习者分为两组,人数相等,再分别把每组分为两小组(人数相等),两组练习者在两条起点线后相对站立。站在每个大组同侧的任意一个小组的第一名练习者各持一球。

开始游戏后,两组中持球练习者以最快的速度连续绕过标枪,再向对面本组另一小组的第一名练习者传球,该练习者接球后按同样的方式迅速绕过标枪,再将球传给对面的第二名练习者,依次进行,直到所有练习者都完成一轮后游戏停止。最先完成游戏的一组练习者获胜。

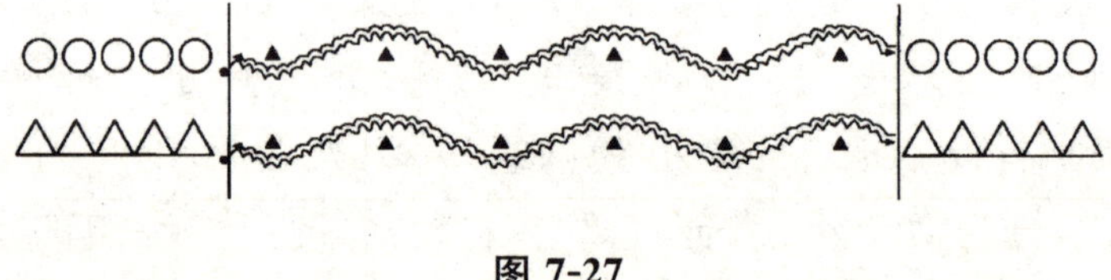

图 7-27

(3)运球追击

运球追击的目的是促进青少年足球运动员快速运球技术能力的不断提高。如图 7-28 所示,画两条间隔 1 米的起点线,在与两条起点线相距 10 米的位置再画两条终点线。将练习者分为两个大组(人数相等)。每个大组中两名练习者又成一个小组,两组中的练习者每人持一球分别在两条起点线上相对站立。

开始游戏后，教练先将两个大组中的每个小组分为奇数组和偶数组，然后随意喊出一个整数，练习者对自己所接收的信息迅速作出奇数与偶数的判断，如果是奇数，则奇数组快速朝本方的终点运球，偶数组转身运球进行追击。如果为偶数，则偶数组快速将球运向本方的终点，奇数组转身运球进行追击。如果追击者领先于被追击者且率先到达终点线，则追击成功。

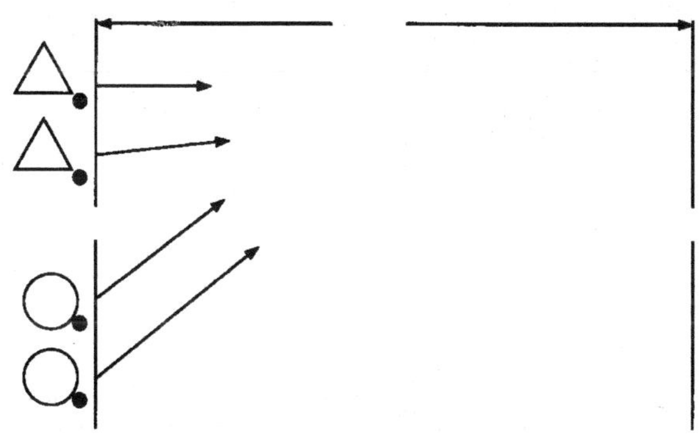

图 7-28

(4)运球转身接力比赛

组织运球转身接力比赛活动的目的是促进练习者运球中快速转身与急停技能的提高。如图 7-29 所示，画一条起点线，将参与游戏的练习者分为两组（人数相等）。两组练习者分别在相对应的起点线上站立。每组第一名练习者分别持一球。在与起点线相距 20 米的地方，将两个标志物平行放置。标志物要与两组练习者相对。

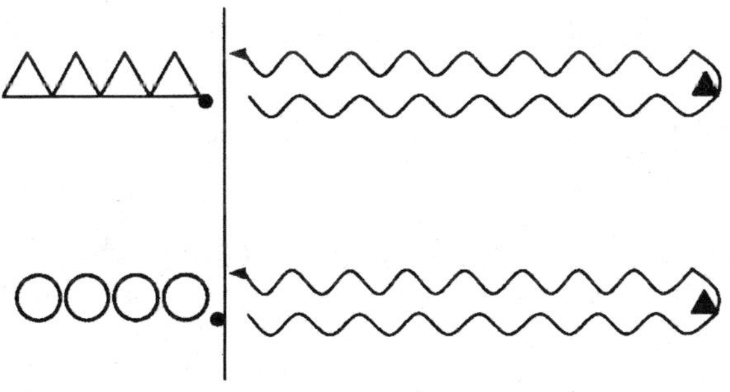

图 7-29

开始游戏后，每组的第一名练习者迅速将球运向标志物的位置，然后停球转身，按照原路线运球返回，将球传给自己的同伴，下一名练习者接球后继续按相同的方法进行游戏。当所有练习者完成游戏后，游戏停止，最先完成的队获胜。

(5)折线运球接力比赛

折线运球接力比赛的目的是促进青少年足球运动员两侧变向运球能力的不断提高。如图 7-30 所示，画一条起点线，在与起点线相距 5 米的每个方向将标志物交叉放置，共放 8 个标志物。将练习者分为两组（人数相等）。每组第一名练习者持球，两组在相对应的起点线上分别站立。

开始游戏后，每组的第一名练习者沿斜线快速运球，并从外侧将每个标志物变向绕过。在到达最后一个标志物的位置后，练习者迅速转身将标志物绕过，然后按之前的路线返回起点，接着向下一名练习者传球继续游戏。当所有练习者完成游戏后，停止游戏，最先完成游戏的一组获胜。

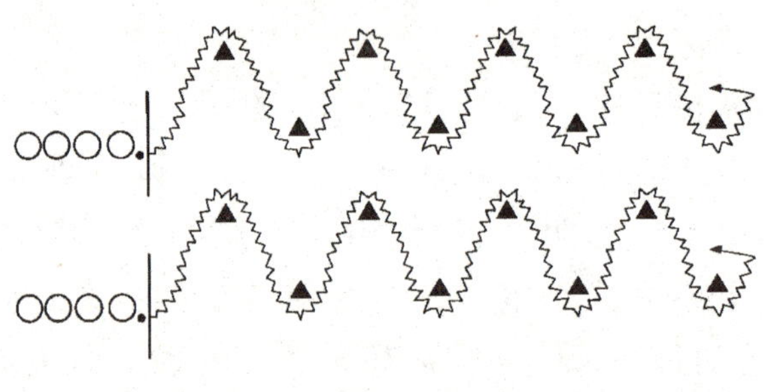

图 7-30

(三)颠球技术训练

1. 无球训练

进行模仿颠球练习，从而对各部位颠球的用力要领及触球的时机进行领会。

2. 有球训练

(1)单人有球训练

①用一只脚的脚尖将放在地上的球挑起。

②行进间颠球练习。

③用一只脚的前掌向后拉球,同时用脚尖将球挑起。

④脚背颠球练习,对不落地击球次数进行记录。

⑤对规定时间内不落地击球次数进行统计。

⑥通过变化高度(一次高两次低)进行颠球练习。

(2)两人有球训练

每名练习者触球 2～3 次后,将球传给同伴,同伴接球并颠球 2～3 次后再传回。颠球次数可递增。

(3)多人有球训练

①3～4 名练习者为一组进行颠球比赛,规则可参照排球运动的基本规则,颠球的部位没有严格限制,击球次数以 3～4 次为宜。

②3 名或 3 名以上的练习者围圈颠球,以球不落地为原则进行不定向颠球。

③多名练习者以一路纵队站立,排头第一名练习者向上方顶球后跑向队尾,后面的练习者以同样方法练习。

(四)踢球技术训练

1. 脚内侧踢球技术训练

(1)向前跨一步进行踢球模仿练习。

(2)两名练习者相距 15 米站立,中间放置间隔 1 米宽的标志物 2 个,传球并从标志物中间穿过,成功穿过一次得 1 分,先得 10 分者获胜。

(3)一名练习者脚底踩球,另一名练习者做向前跨一步进行踢球练习和慢速助跑踢球练习。

2. 脚背正面踢球技术训练

(1)两名练习者一球,一名练习者抛球用正脚背将球踢给对方,对方接球后用相同的方法踢回。

(2)双手抛球,用脚背将球踢起,双手将球抓住,反复练习,对击球时脚背的感觉以及正确的击球部位进行体会。

3. 脚背内外侧踢球技术训练

(1)对墙踢球。练习者距离墙的距离可逐步拉大,踢球力量也要随之增加。

(2)踢远或踢准练习。

(五)头顶球技术训练

1. 前额正面顶球技术训练

(1)自抛自顶练习。

(2)两名练习者一组,一名练习者双手将球向斜上方托起,另一名练习者在球的下方用前额正面顶球。

2. 前额侧面顶球技术训练

(1)在40米×50米的场地内设两个球门,将12名练习者分为攻守两方(各6人)。守门员用手抛球后,进攻队或防守队的球员都可用手将球接住,然后将球高抛给队友,接球的队友头顶球传给其他队友,其他任何一名队友用手接到球后随即将球高抛给另一名队友,该队友再通过头顶球传给同伴,直至头顶球射门。防守队员只能用头顶球的方法来进行抢断。

(2)A、B、C三名练习者为一组,以三角形位置站立。A抛球,B顶球,C接球。然后三名练习者角色互换继续训练。

(六)抢截球技术训练

1. 争抢球练习

在距离两名练习者前方5米的位置放置一球，练习者听到教练员吹哨后同时向球跑进，然后选择适当的位置和时机通过冲撞来达到控制球的目的，注意冲撞时要控制力度，以免发生损伤现象。

练习一段时间后，练习者可选用活动球继续练习，即教练员持球，两名练习者在教练两侧站立，当教练员沿地面将球抛出后，两练习者同时朝球的方向跑进，然后利用合理冲撞来控制球，同样注意要避免损伤发生。

2. 慢跑合理冲撞练习

两名练习者朝同一方向慢速跑进，途中通过合理冲撞对方来进行冲撞练习，练习过程中注意对冲撞的时机、部位和用力方式进行体会。

3. 侧后追赶铲球练习

一名练习者带球直线前进，另一名练习者从后面对其进行追赶，追至适当位置时伺机做铲球动作。练习时，带球者要对铲球者积极配合，使铲球者对铲球动作加以体会。

(七)守门员技术训练

(1)模仿性倒地练习。
(2)模仿性接球和扑球练习。
(3)侧躺地上双手做接球动作。
(4)在硬地上做移动的双手运球练习。
(5)掷实心球练习。
(6)2名练习者一组做勾抛掷球练习。
(7)做对固定球或抛球扑接的练习。

第八章 青少年足球运动员战术训练研究

随着足球比赛越来越激烈的竞争对抗，若要在这种高强度的对抗和快速的攻防转换中赢得比赛的主动，对运动员来说有着一定的难度，高超的技术是获得胜利的利器。此外，足球运动作为一个团体项目，良好的战术意识和战术技能对比赛胜利同样起到至关重要的作用。本章对青少年足球运动员战术训练进行研究，内容包括足球战术基本理论、进攻战术及防守战术训练方法。

第一节 足球战术基本理论

一、足球战术的概念、本质及分类

(一)足球战术的概念

在足球比赛中，为了将对手战胜，运动员以实际情况为依据而采取的个人或者集体配合的方法和策略就是所谓的足球战术。

(二)足球战术的本质

足球比赛非常激烈，场上情况瞬息万变，运动员要能够根据场上变化的形势合理地运用自身所掌握的足球知识、技能以促使比赛向利于自身的方向发展，这就是足球战术的本质。

(三)足球战术的分类

1. 进攻战术

(1)个人进攻战术

个人进攻战术是指在足球比赛中为了战胜对手而采取的负荷整体进攻目的的个人行动。足球局部进攻战术和整体进攻战术的形成离不开个人进攻战术这一重要的环节。局部进攻战术和整体进攻战术的质量会直接受到个人进攻战术的行动水平的影响。传球、射门、运球突破和摆脱跑位等是个人进攻战术的主要内容。

(2)局部进攻战术

局部进攻战术是整体进攻战术的基础,它是指在局部区域内由 2 个或 3 个队员组成的小组配合,无论多复杂的进攻战术配合,都是由 2 个或 3 个人配合组成。在比赛中球场上的任何区域,都可以进行二过一、二过二配合,所以这些配合质量的高低,与一个球队的战术水平有着很大关系。在比赛中,在防守队员紧逼盯人防守下,进攻队员利用摆脱、跑位等动作,制造出局部区域二过一的局面。局部进攻战术包括传切二过一配合、交叉掩护二过一配合、"三过二"配合等。

(3)集体进攻战术

整体进攻战术种类繁多,根据不同的标准有着不同的分类。具体如下。

首先,根据进攻的方向,可分为中路进攻、边路进攻和中边路转移进攻。

其次,根据位置不同,可分为换位进攻和插上进攻。

再次,根据速度快慢,可分为逐步进攻和快速反击。

最后,根据定理可分为阵地进攻、拉锯进攻和密防反击等。

一次完整的进攻可分为发动、发展和结束三个阶段,但这三个阶段并不是绝对的,有时在发动或发展阶段就被对手阻截或破坏,也有时在抢到球后就传中或射门。因此,战术的组织要尽量简练、实用、快速，尽量缩短完成进攻所需要的时间，以降低进攻过程中所造成的失误，以达到尽快射门的目的。

2. 防守战术

(1)个人防守战术

个人防守战术是指为了防守和控制进攻队员而采用的个人战术行动。个人战术行动要顺从全队的战术行动，以体现出整个战术的特征。个人战术行动是整体战术的基础，整个战术由个人战术组成，个人防守战术主要包括选位、盯人、断球等。

(2)局部防守战术

局部防守战术是指两名或两名以上的防守队员相互配合进行防守的方法，它是集体防守战术的基础。保护、部位与围抢是局部防守战术基本配合的主要形式。

(3)整体防守战术

整体防守战术是指在比赛中全队所采用的防守战术配合。根据盯防模式，整体方式可分为人盯人防守、区域防守、混合防守三种；根据打法，又可分为向前逼压式打法、层次回散式打法和快速密集式打法。

3. 定位球战术

定位球战术可分为任意球战术、角球攻守战术以及界外球攻守战术。

二、足球基本战术阵型

比赛阵型，是指根据本队的特点或对方弱点，有针对性地安排场上运动员的比赛位置和职责的战术形式。

在早期的足球比赛中，还没有出现比赛阵型的概念，球员也没有固定的位置，运动员在比赛中全靠即兴发挥。后来随着足球运动的快速发展，人们探索出了更合理的体能分配方法，即一部分球员负责进攻，另一部分球员负责防守。在这样的背景下，足球比赛中就出现了战术“阵型”。发展到现在，足球比赛已形成了多种阵型，下面对常用的三种阵型进行具体分析。

（一）“四三三”阵型

“四三三”阵型属于一种全攻全守的阵型，该阵型的主要特点是有利于全员参与攻防两端的各项配合，最大化地发挥集团作战的优势，在这种阵型下，运动员攻防的机动性很大。

1. 前卫队员的攻守打法

在“四三三”阵型中，三名前卫中的一名拖后，其余两名位置略靠前，这样三名前卫队员就形成了一个三角形的攻防队形。拖后前卫的防守重点为对方的中路进攻，并根据球的移动方向做相应移动，使自己弥补好两名中卫和中卫与边后卫之间的空隙。在进攻端，拖后前卫移动到有球区域，对进攻同伴进行接应和支援，积极参与到进攻中去。两名边前卫在进行防守时，要对应将对方的前卫作为盯防的对象，使对方在中场的进攻计划落空，协助边路的防守。在进攻时，发动中场的进攻，接应本队前锋队员，并通过与同伴的配合突然插上进攻，突破对方防线，获得射门得分的机会。另外两名前卫球员在防守端相互配合断球，在进攻端适度压上协助进攻。

2. 前锋队员的攻守打法

两名边锋主要活跃于球场两边区域，其主要职责在于通过快速突破或通过与队友配合后突破，进行下底传中或内切射门。边锋球员的上下跑动能力要强，且要适度增加无球跑动以吸引对方防守球员的注意。当中路进攻时，前锋队员需要与中锋进行交叉换位或不同形式的二过一配合，并对异侧边路传中球及时进行包抄，争取抢点射门。一旦从进攻转为防守，立即回抢或对控球队员进行盯防，并在边路与其他防守队员配合来夹击、围抢对方进攻队员，与前卫队员一起形成第一道防线。三名前锋中，主要的攻击手是其中的中锋，中锋要注意与对方拖后中卫紧靠，或将活动区域锁定在两中卫之间和中卫与边后卫结合区域，通过左右扯动或反复拉、插，制造传球空当，通过对传切、头球摆渡、各种二过一配合等方法的运用来争取对突破与射门的机会的创造。失球一旦出现，对控球队员进行迅速阻抢，可以延缓对手的反击速度。

3. 后卫队员的攻守打法

两名边后卫在扼守好对方边路进攻的同时，还要适度兼顾中路的防守，调整好与中卫的站位距离，保持注意力的高度集中以便及时保护和补位。在由守转攻时，根据战术需要适时压上助攻。两名中卫在战术需要时可有一人适时来到后腰位置参与进攻组织。突前盯人中卫应将对方的突前中锋作为盯防对象，使罚球区前沿的进攻威胁得以清楚，拖后中卫专门负责保护与补位，也就是对防守的漏洞及时加以弥补，将传到后卫身后的球抢断，对突然插入门前的进攻队员进行盯抢，并对全队的防守进行有条不紊的组织和指挥。由防守转为进攻时，两名中卫要与边卫一起对后场的进攻进行组织，伺机压上助攻。

(二)“四四二”阵型

“四四二”阵型是目前较为流行的一种阵型。此阵型的优点主要在于能让中、后场的防守更加巩固，攻防更为灵活、机动。后来，这个阵型为适应不同的战术还产生了许多衍生阵型，变化的位置主要集中在中场四人的站位，如平行站位、菱形站位和梯形站位等。每一种站位方式的目的只有一个，那就是最大限度地扬长避短。具体的各个位置的职责如下。

1. 前卫队员的职责

(1)拖后前卫、突前前卫和左右两边前卫设置

拖后前卫(后腰)对应盯防对方的突前前卫。由守转攻时，应

负责本方中后场进攻的组织，掌握比赛节奏和进攻方向。突前前卫（前腰）是中前场的自由人，侧重于进攻，他们在进攻中主要起穿针引线和承上启下的作用，接应中、后场传球，为前锋输送炮弹，并积极地通过与前锋的相互配合或向中路插上突破对方防线，创造射门的机会。此外，还应配合边前卫组织边路进攻，起到边锋的作用。一旦出现失球的情况，应盯防对方的拖后前卫，阻击对方中后场发动的进攻。两名边前卫主要负责边路的攻防，并与突前前卫和两名前锋构成攻防的中轴。所以，他们在进攻时要组织发动并积极地参与边路的进攻，起到边锋的作用，或在中路通过配合，直接插上或包抄射门。

在防守时，快速回防，盯防对方的两名边前卫，及时填补边后卫因插上助攻而留下的空当，让全队形成稳固的防守。但这种前卫线位置的安排，无论是菱形站位，还是前面三名前卫的平行站位，拖后前卫正面或两侧都会出现较大的空当，不利于中场的攻防衔接。实战中应该通过两边后卫的压上内收、两边前卫的交替上下、拖后前卫合理而灵活的选位等加以弥补。

(2)两名拖后前卫和两名突前前卫的设置

对两名拖后前卫（双后腰）而言，防守是其主要职责，但在防守中要有更加细致的分工。其防守的重点主要在于对中卫与边后卫结合部空隙进行堵塞，将两中卫结合部之间的通道严密封锁，对进入罚球区前沿的对方前锋或突前前卫进行交替盯防，形成后防线前沿的防守屏障，并对同侧边后卫与中卫身后的空当及时加以弥补。从防守转入进攻时，需要对中后场的进攻进行积极发动与组织，对前面的进攻同伴进行接应与支援，并和边后卫可以轮换交替插上进攻。

2. 前锋队员的职责

在“四四二”阵型中的两名前锋队员的位置可以较为灵活地安排，如一前一后、一左一右或一中一边。前锋主要活动的区域在对方中卫和边后卫之间。在进攻时，在同伴的支援下，通过两人之间的一拉一插、一传一切和前后、左右交叉换位与传球配合，从中路将防线突破，对射门的机会进行创造。在两侧边路的进攻中，应移向同侧有球区域，与其他同伴随时组成有球区域的局部进攻，将对方边路防线全力突破。同时还应根据场上情况有意识地主动回撤或拉边接应，制造中路或边路空当，为前腰球员或边前卫、边后卫等球员创造插上进攻的机会。由守转攻的瞬间，则要利用对方中卫两侧的空当，及时快速插入进行反击。一旦出现失球应就地阻抢对方控球队员或延缓对方进攻速度，有效协助中场的防守。

3. 后卫队员的职责

边后卫与中卫的职责和打法通常采用的是混合防守体系，即区域与盯人相结合。双中卫主要将对手中锋作为盯防对象，边后卫和前卫共同看守中锋拉边与回撤，此时中后卫不做大范围的区域位移。边后卫可以根据需要适时插上助攻，或者来到中场边路位置参与组织进攻，这是现代足球比赛边后卫主要进攻的一种打法。

(三)“四二三一”阵型

“四二三一”阵型实际上是由传统的“四五一”分化而来。边后卫与中卫的职责和打法通常是混合防守体系(区域与盯人相结合)。双中卫主要对对方的两名中锋进行防守。边后卫和前卫看守共同看守中锋拉边与回撤，边路由两名边后卫固守。这种阵型已经成为现今国际足坛的主流阵型。在这一阵型中各位置球员的主要职责如下。

1. 前卫队员的职责

两名边前卫主要的活动区域在两侧边路。在防守时，需要从中场迅速撤到边后卫位置，以“四五一”阵型对对方的边路进攻进行防守；从防守转入进攻时，积极压上中场方向，使中场优势和主动权能够得到保证，并对边路进攻进行发动，发挥边锋的作用。作为进攻潜在的突击手，前腰球员主要负责发动与组织中前场进攻。与同侧的前卫和前锋共同组成有球区域的基本进攻，尤其是从后面突然插上突破中路防线，创造有利的射门机会。两名后腰球员作为防守屏障，在进攻端一名后腰稍突前，参与进攻的组织工作。

2. 前锋队员的职责

一名前锋位置的排列形式及其主要职责和打法主要是在中路对方门前30米区域的前后反复拉插、左右扯动，制造中路的传球空当，在有球区域可以随时有插上队员，保持两人的紧密联系，得球可以进行快速的各种二过一配合，或运球过人强行突破，及时把握射门的战机。在边路通过和同伴的配合与运球过人突破对方的防线，吸引对方防守重心的偏移，为同伴中路插上射门创造有利的机会。

3. 后卫队员的职责

后卫的职责和打法与“四四二”阵型基本一样，但要求边后卫技术更加全面，而且由于边后卫球员需要不断上下奔跑，所以高水平的身体素质也是十分必要的。

三、足球战术意识及培养

(一)足球战术意识

1. 足球战术意识的概念

足球战术意识是足球运动员在战术活动中一种心理的呈现，它体现了人的思维是否能与战术设定相符，是运动员根据时下情况对于战术的一种反映，并最终在行动上体现出来。战术意识是运动员在足球训练以及比赛中累积而成的宝贵经验，这些经验将保证运动员在比赛中非常自然地以战术意图和实际情况为依据对战术进行合理的组织和实施。

运动员的战术思维能力能够通过其战术意识明确反映出来，只有经过不断的训练和比赛，运动员才能获得良好的战术意识。战术意识在比赛中主要发挥着定向、抉择、反馈、支配等作用，这也就能够促进运动员在比赛中将自己的战术能力稳定地发挥出来。

2. 足球战术意识的影响因素

(1)战术思维

①专项运动感知觉

在形容优秀的运动员时，“良好的视野”这一评价词汇经常会被教练员和观众用到。作出这样评价的观众与教练员一般会认为，较强的视觉能力是优秀运动员天生就具有的，这也是优秀运动员之所以优秀的一个重要原因与表现。然而，研究者通过对比研究优秀运动员与一般运动员后发现，优秀运动员在赛场上的良好表现与其视觉能力并没有很密切的关系，甚至经过研究后发现一些普通运动员的视力水平要好过优秀运动员。可见视力对于运动员而言，并不是影响其能力高低的关键。但需要肯定的是，优秀运动员的感知与认知能力要高于普通运动员。这就使得优秀运动员处理信息的效率要优于一般运动员。

在足球运动中，运动员和球始终处于运动状态，这时要对正确的行动定向进行建立，就需要对空间、方位和距离作准确的判断，良好的深度知觉是进行准确判断的前提。对客体间的深度距离及其变化情况进行估计是深度知觉的作用，倘若一个足球前卫想要给 30 米以外的前锋队员传球，他必须先准确判断本队的前锋和对其进行防守的对方后卫队员之间的位置关系如何，然后在此基础上才能判断要不要传球。这时就需要该前卫拥有良好的深度知觉。

感觉系统对运动员有着重要的影响,知觉系统同样如此。足球运动员的专项运动知觉主要体现在以下几方面。

首先,足球运动员需要有良好的时间知觉,这主要是由足球比赛的特点决定的。足球比赛中,判定胜负主要是通过评判单位时间内的得分情况来进行的,因此对足球运动员的时间知觉提出了较高的要求。

其次,足球运动员需要拥有良好的空间知觉,在足球运动中,运动员能否顺利带球,完成防守等,一定程度上受其空间知觉能力的影响,如果空间知觉较低,一些关键的技术动作将难以顺利完成。

最后,足球运动员需要具备一定的专门化知觉。专门化知觉属于一种精细的综合知觉,其是在长期的运动实践中形成的。如果足球运动员的专门化知觉良好,就能够敏锐地察觉与识别自身运动和周围的环境线索。

②专项运动注意

运动员的心理活动对对方技战术状态的指向和集中的程度,并合理运用不同程度所产生出来的活动规律的能力就是所谓的专项运动注意。[1] 运动员进入足球比赛状态的第一个运动环节就是注意。在足球运动中,运动员的注意力会在很大程度上影响其运用进攻、防守、反击技战术的效果。

从生理方面而言,当运动员分散注意力时,其动作反应能力也会相应减弱,但如果过度集中注意力,就会使人处于呆滞状态,如果在某一部位上集中注意力,其他部位就容易被忽视。足球运动员的注意力不仅包括注意的广度,同时也包括注意的深度,而注意的转移与分配也是注意力的重要内容。广度与深度、分配与转移都是运动员需要具备的专项注意能力。前者会影响其视野的开阔性;后者会影响其技战术配合的协调性。

③专项运动决策

优秀运动员要想进行良好的预判,就需要拥有获取预先视觉

---

[1] 刘丹,赵刚.青少年足球训练纲要与教法指导[M].北京:人民体育出版社,2011.

信号的能力，并且能够对相关比赛模式有一定的认知。在突发事件即将来临前，优秀运动员所做的事先预期比一般运动员要更加准确，因为其能够对“情景”信息进行更加有效的处理。优秀运动员做出准确的“情景预测”后，能够利用一定的时间来对相关信息进行搜集，对自己的预期进行有力的证实。例如，对方前锋想要从本方右边后卫身后跑一个斜线接应，本方的优秀中后卫就会察觉与意识到对方的这一意图，所以，当对方左后卫试图往这一区域传球的时候，本方中后卫会通过观察对手传球前的身体姿势（预先视觉信号）和进攻队员的跑位与移动（模式认知）来对有效信息进行获取。不同的足球运动员和运动队都可以利用“情景预测”的手段来达到得分的目的，而且在很多比赛情境中，这一手段都是普遍适用的。“情景预测”可以是普遍适用的，也可以是专属的，也就是说，特定的球队或运动员才适合采用这一手段，一般而言，优秀运动员采用这一手段的准确性与有效性更高，因此他们往往能够作出正确的决策。运动员对突发情况的事先预期和对情景信息的有效处理之间的循环关系如图 8-1 所示。

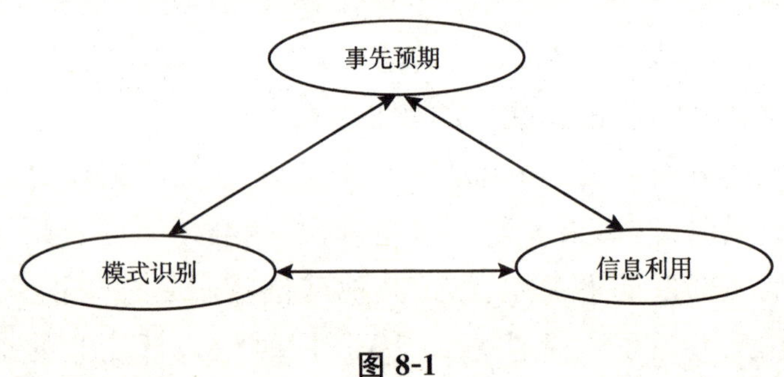

图 8-1

（2）战术决策与行为

运动员在对对方的意图进行预判后，需要采取一定的策略来进行有效的应对，这时就需要其对合理的战术对策进行选择。很多因素都会影响运动员对合理战术行为的选择，如运动员自身的体能与技术水平、对方的体能与技能、剩余比赛时间、比赛的场地条件。虽然很多研究人员都通过研究证实了优秀运动员采取的战术决策和战术行为比普通运动员更加恰当，然而关于优秀运动员在作出恰当战术决策与行为的过程中的基础机制却很少有研究人员能够对此进行说明。直到麦克弗森和弗伦奇在研究这一领域的过程中引入知识量表和口语分析技术。

①陈述性与程序性知识

麦克弗森和弗伦奇通过反复研究后发现，竞争激烈的赛季课程中的具体指导能够提高参赛者的陈述性和程序性知识，而运动与竞赛过程中的决断能力会影响参赛者具体运动知识的提高。此外，他们通过研究还发现，对参赛者与运动者的指导具体到训练的各个环节时，能够更加有效地提升参赛者的运动能力。然而，不管对参赛者的指导指向的是比赛战术方面还是运动技能方面，都会在一定程度上提高参赛者的认知能力。对参赛者进行指导时，尽管对运动技能和决策能力这两个方面更加重视，而且也能够有效提升这两项能力，然而在对提升基础技能进行突出强调的训练中，运动员依旧能够在指导不明确的情况下对战术和战略知识进行学习。

②技战术行为经验和当前场景应对经验

优秀运动员对比赛的数量应对离不开其长期记忆适应能力的形成。记忆适应包括两个方面，即技战术行为经验和当前场景应对经验。行动计划记录是普遍的运动专项原则，主要用来激发运动员做决策的能力。运动员在特定的情景下需要做出相应的反应，如有队友把对方球员挤在身后，在前点占据了有利位置时，就需要控球运动员将球传到前点。当前事件记录可以提供很大的灵活性。在这一记录中，能够对反应过程进行指导的战术脚本和情景原型也被包括在内。记忆中储存了曾经、现在以及未来可能的相关信息，在比赛中运动员时刻观察这些信息，在特定的时刻，运动员的大脑就会激活或更新这些信息。

当前事件记录能够按照专门的观察、解码和搜索程序来对最新的相关信息进行提供，这一提供信息的程序有机地联系了过去或最近的经验和当前比赛中出现的事件，这些信息有利于运动员在参考各要素的情况下迅速作出决策。某个球队或具体的运动员都可以是当前事件记录明确针对的对象。

与当前事件记录相反，行动计划记录的存在具有普遍性。总的来说，不管是青年足球运动员还是运动水平较低的成年足球运动员，二者拥有的能够指导决断的描述问题的能力都比较低，而高水平的青年足球运动员和中等水平的成年足球运动员能够通过对行动计划记录的运用来对自身的决断行为进行指导，高水平成年足球运动员在完成决断的过程中，可以对行动计划记录和当前事件记录同时加以利用，从而对更好的应对策略进行思考。这一技术的发展模式如图 8-2 所示。

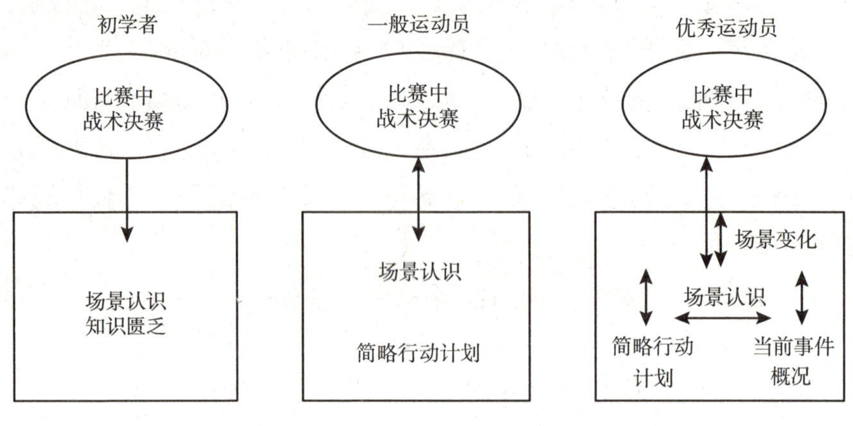

图 8-2

(二)足球战术意识的培养

1. 进行大强度的对抗性训练

在一般的足球训练中，通常情况下只进行单一的、无人逼抢的技术练习和传接配合等战术练习，这种缺乏一定强度的练习不符合实际比赛的需要，无法取得最佳的效果，对运动员参加正式比赛不利。

为此，在足球运动员的日常训练过程中，必须加入一些大强度的对抗性练习，并且要高度重视对抗下的技战术调整能力的训练和与比赛形势相适应的战术意识的训练。在实践训练中，要注意对假动作的合理运用，注意与队友之间的有效配合，多通过眼神来沟通，准确把握动作节奏的变化，以致在比赛中能够对平时训练的内容进行合理的应用。训练中也要注意多进行对抗练习，通过友谊赛和分队比赛的形式，促进运动员对比赛的适应能力的提高。采用友谊赛和分队比赛这两种比赛形式进行训练时，运动员的思想压力小，期望值不高，能以放松的心态对待比赛，这有利于技战术水平的发挥和创造性思维的迸发，还利于思想意识的提高。

2. 组织运动员观看足球比赛录像

在足球日常训练中，教练员要将运动员组织起来，使其对足球比赛的录像进行观看，特别是观看国际优秀足球队的高水平比赛。在运动员对比赛录像进行观看时，教练员适当进行科学的理论教学，并总结出具有实际意义的理论知识和技战术方法，并使队员从画面中领会到战术意识的真正意义，并且引导运动员发掘适合自身特点的战术思想。此外，还可以将本队的比赛视频录下来，然后组织运动员观看，使其能够在观看中提高分析问题的能力，这对运动员战术意识的形成和提高是非常有利的。

3. 加强心理素质训练，提高战术意识

足球竞赛的日趋激烈，已经达到了白热化程度，有些比赛的胜负只有在最后一刻才能见分晓。在参赛双方实力水平相当的足球竞赛中，通过技战术的对抗很难决出胜负，这时就需要双方的教练员与运动员来斗智斗勇，激烈的竞技赛就成了心理战。教练员精心布置好战术后，需要运动员去执行战术，而具体在比赛中，对布置好的战术能否有效运用，一定程度上取决于双方的心理素质。尤其是在运动队处于相对落后的情况下，如果运动员的心理素质良好，就不会轻易放弃，反而会因为有决心有勇气而将全队的潜能激发出来。这时比赛胜负不到最后一刻是难以轻易判断的。

在足球比赛中，有些运动员技战术水平很高，但因其心理素质差而无法发挥自己的实际水平，难以为比赛的胜利作贡献，而一些运动员的技战术能力一般，但是其心理素质过硬，这就有可能超水平发挥，创造射门得分的机会。所以，在对足球运动员的战术意识进行培养的过程中，必须将球员的心理素质训练重视起来，使运动员在身体与心理上同时处于最佳状态。

4. 鼓励运动员发挥创造性

足球运动员各有差异，其都有属于自己的特点及优势。运动员在比赛中发挥创造性能够将自己的特点与优势表现出来。所以，在对足球运动员的战术意识进行培养的过程中，教练员要给予运动员积极的鼓励，使其在赛场上能够即兴发挥，善于判断、分析、归纳，并对突出问题的解决方案进行探索，促进其思维的活跃，使其多思考，多动脑，提高比赛中的灵活性。

在足球运动员的技战术训练过程中，教练员要鼓励运动员对创造性的发挥，而不是一味地只追求固有的技战术打法，可以根据具体实际选择和创造出有效的战术配合。对于违反战术要求的运动员，不要急于批评，应有耐心地听取队员的想法，再因势利导，最终目的就是让队员对战术的基本原则加以理解。对于在比赛中出现的各种精彩的战术配合，要予以表扬，逐步培养运动员创新战术的意识及能力。

第二节　青少年足球运动员的进攻战术训练

一、足球进攻战术分析

足球进攻战术主要包括三个方面，即个人进攻战术、局部进攻战术和集体进攻战术。

(一)个人进攻战术

个人进攻战术的方法分析如下。

1. 传球

传球是足球训练和比赛中运用最多,也是最为重要的技战术手段之一。在训练和比赛中,传球的目的主要有两个:一是将球传到同伴的脚下;二是向有利于同伴的空当传球。在比赛中,运动员要掌握好传球的时机,把握好传球的力度、落点和旋转,要有利于同伴控制球和处理球,以达到传球的目的。

为了更好地达到各种传球的预期效果,运动员要注意培养良好的传球意识、隐蔽传球意图、把握传球时机,并提高传球的准确性。另外,运动员在传球时还应注意以下几点。

(1)及时把握向前传球的机会。

(2)所选择的传球路线应尽量避开对方的抢截球半径和断球的可能。

(3)多考虑采用中距离传球。

(4)传出球的弧线要与接球者跑动切入的方向一致。

(5)传中球的弧线要与冲顶射门的同伴的跑动方向相反。

(6)顺风时传球力量适当减小,少采用直传球和长传球,逆风时传球力量应大些,多采用短传球和低球。

2. 跑位

跑位是无球队员在场上通过有意识的跑动,为自己或同伴创造进攻机会的行动。跑位时起动要突然,变向、变速要快。跑位一般有两种方式,即套边跑和身后跑。

(1)套边跑

套边跑是从持球队员身后绕向外侧的跑动(图 8-3)。

(2)身后跑

身后跑是一种插入防守者身后的跑位,致使防守者很难观察进攻者的行动。❶防守队员看不到插入身后的进攻队员，此时❷防守队员必须死盯插入的进攻队员，从而失去了对❶的保护（图 8-4）。

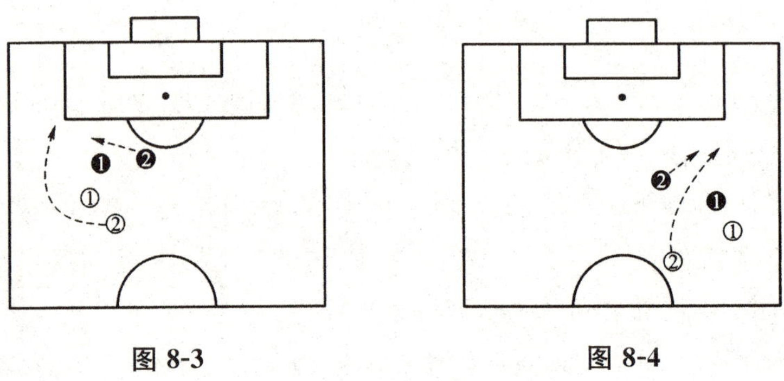

图 8-3　　图 8-4

3. 接应

接应持球队员的同时，要考虑到与持球队员的距离、角度与呼应。

（1）距离

接应的距离与接应时的场区、对方的防守压力有着密切的关系。对方在场上的防守压力以及队员的个人习惯决定了其对适当的接应距离的选择。另外，接应距离也受比赛场地条件的影响。把握好接应距离是做好接应的一项重要保证。

（2）角度

接应中角度的选择应遵循便于传球和接球的原则，接应队员应根据场上对手的位置而进行调整，一般是靠内侧与持球队员形成一定的角度。

（3）呼应

呼应就是接应队员与同伴之间保持联系的信号，这也是接应技巧的组成部分。

4. 运球突破

运球突破是撕开对方的防线，创造以多打少局面的锐利武器，这也是创造传球机会和射门机会的有效手段。在进行运球突破时，运动员应注意以下几点。

(1)控制好球，护好球。

(2)把握好运球突破的时机、距离和方向。

(3)运球逼近、调动、超越、摆脱对手等各个技术环节的衔接要连贯、紧凑。

(4)突破对手后，要及时射门或与同伴进行传球配合。

(5)运球突破战术的运用要机动灵活。

(6)在本方后场不要滥用运球突破，否则可能会失去进攻机会或给本方造成被动局面。

5. 射门

射门是一切进攻战术配合的最终目的和进攻得分的唯一手段。射门时，运动员应根据场上瞬息万变的情况，通过敏锐的观察，判断来球的速度、落点和防守队员及守门员所处位置等情况，选择最佳的射门时机和有效的射门方法。当射门失去角度时，不要盲目地射门，通过合理的运球、传球寻找射门的更大空间。射门时运动员需要注意以下几个要点。

(1)选择最佳射门角度

射门要选择最佳的角度，因为这直接影响到射门的效果。射门前要注意观察守门员的情况，如位置、移动等，选择角度和空间都较大的位置射门，提高进球率。

(2)把握射门机会

射门机会是通过全队的不懈努力争取来的，一旦出现射门机会，不要有任何犹豫，应迅速、果断地起脚射门，因为任何犹豫都会造成动作的迟缓和机会的错失。

(3)强烈的射门意识和欲望

拥有高度的射门进球意识和强烈欲望，善于对一切射门机会的把握是球队进球得分的前奏。运动员要敢于在激烈的对抗环境中采取射门行动。

(4)尽量射低平球

低平球与地滚球会对守门员造成更大的威胁,尤其是球门两侧的位置。此外,低平球与地滚球的球速更快,在射门时很可能由于各种原因改变运动方向,或者是由于球速快、力量大,守门员容易脱手,这些原因都会提高射门得分的概率。

(5)射门要准确、突然、有力

准确、突然、有力的射门是得分的关键因素。这种射门会使守门员猝不及防,甚至没有反应的时间。

(6)力争抢点直接射门

在足球技能日益提高和足球比赛逐渐激烈的当下,足球竞赛中射门的时机非常短暂。因此,在罚球区内要力争抢在对手行动之前抢点直接射门。在足球比赛中,抢点直接射门的进球率非常高。

(二)局部进攻战术

局部进攻战术的动作方法分析如下。

1. 传切二过一配合

传切配合是局部进攻战术中最常用的战术方法,它是指控球队员将球传给切入的进攻队员的配合方法。局部传切和转移长传切入是传切配合的两种配合形式。

(1)局部传切配合

根据传切线路,可分为自传斜切(图 8-5)和斜传直切(图 8-6)。

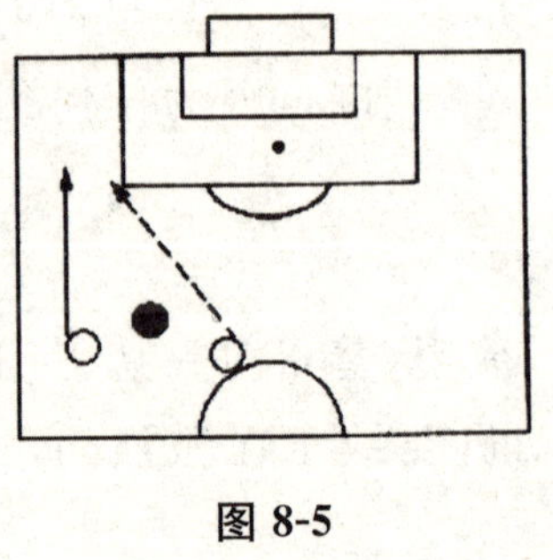

图 8-5

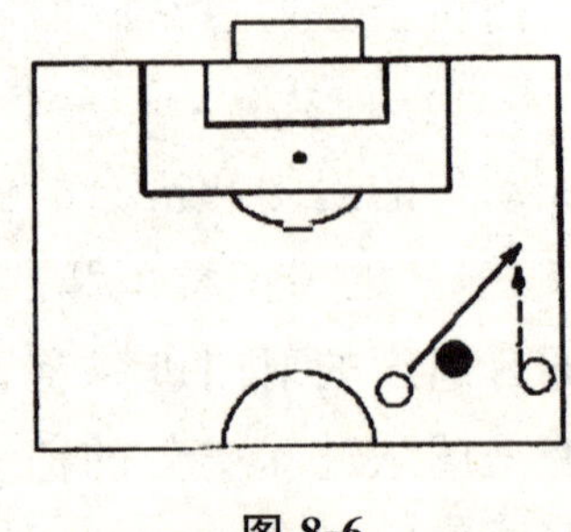

图 8-6

自传斜切与斜传直切的配合非常简单、实用，只通过一次传球和切入就可以轻易越过一名防守队员。在使用时，两名进攻队员要注意保持适当的距离。控球队员可以通过采用带球或其他动作，来诱导防守者上前阻截。

(2)转移长传切入

当进攻一侧对方防守紧逼时，可以通过长传将球转移到另一侧，切入队员得球后展开进攻。

2. 交叉掩护二过一配合

交叉掩护配合是指在球场的局部区域，2 名进攻队员在带球交叉换位时，以自己的身体掩护同伴越过防守队员的配合方法(图 8-7)。

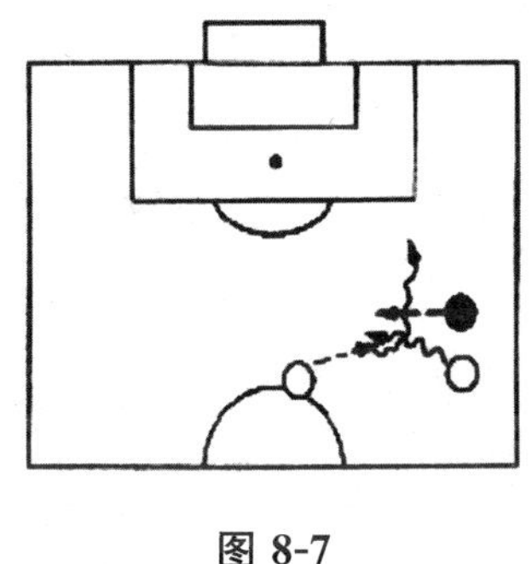

图 8-7

3."三过二"配合

"三过二"是在比赛局部进攻时，3 名进攻队员通过连续配合突破对方两名防守者的防守。具体配合方法如下。

如图 8-8 所示，⑦持球，⑥假接应，⑨斜插把防守支开，⑥插上至⑨制造出的空当接⑦的传球，突破防守。

如图 8-9 所示，⑨向后跑动接球，再将球传给⑥，⑦假动作并伺机从内线切入接⑥的传球，突破防守。

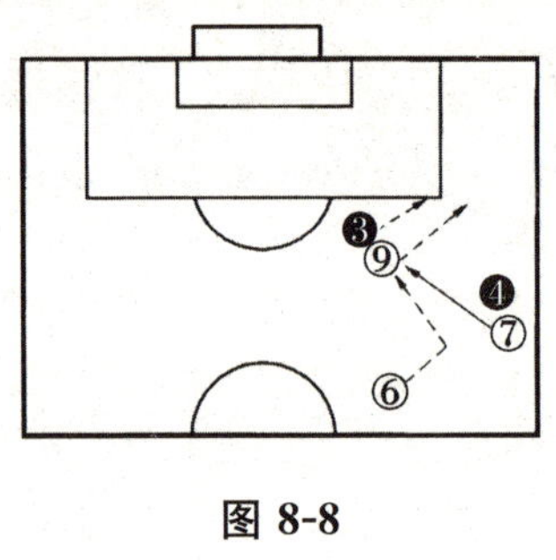

图 8-8

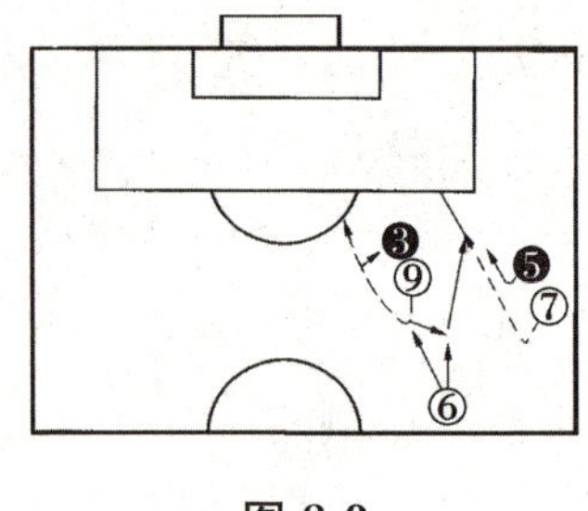

图 8-9

4. 连续二过一

连续二过一至少由两组二过一配合组成(图 8-10)。

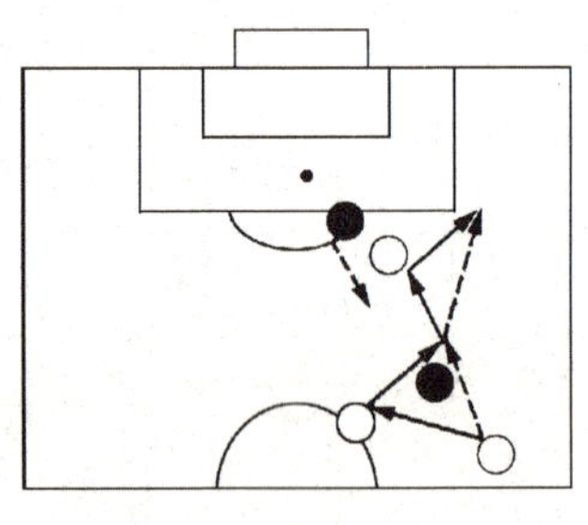

图 8-10

在足球比赛中,运动员进行局部配合时需要注意以下几个要点。

(1)在传切配合时要注意传与切要恰到好处,球动人动,在平时训练中要注意培养队员之间传跑的默契,否则攻方的接球员很容易落入守方的越位陷阱。

(2)交叉配合时,带球队员要用身体护住球,并挡住防守队员,将球传给同伴后,要继续向前跑动。

(3)交叉配合时,接球队员必须主动迎面跑向带球队友,交叉距离贴近,接球后快速向前带球。

(4)“三过二”配合时,三名进攻队员应始终保持一个三角形站位,一人持球,另两人应一接一插或一拉一插,二人不要同时接或插,在接、插的时间上应稍有先后。

(5)"中场指挥官"的调度球要求视野要开阔,要求有全局意识和极强的阅读比赛的能力,选择最有威胁性的进攻线路传球。

(6)队员之间的配合要简练、默契和紧凑。

(三)集体进攻战术

集体进攻战术的主要形式有以下两种。

1. 快攻战术

快攻战术是由守转攻时,趁对方来不及调整防守策略,通过简便快速的传递配合创造射门机会的战术。它是一种最有效的进攻战术。快攻战术具体有三种情况。

(1)守门员获球后,若对方三条线压得比较靠前,守门员就迅速用脚踢给本方埋伏在对方后卫线附近的突击队员,或者用手抛给中场占据有利位置的同伴,创造快速突破的机会。

(2)在中前场截得对方脚下球迅速发动进攻。

(3)获得任意球,快速罚球也能形成快攻机会。

2. 阵地进攻战术

阵地进攻战术的常见用法有以下几种。

(1)边路传中

边路传中是指从对方半场的两侧发动进攻,并以传中创造射门机会为目的。边路进攻直接得分的可能性较小,大多都是由边路突破传中后,中路和异侧同伴包抄完成射门。边路传中的良好时机主要有以下几个。

第一,在对方后卫线与守门员之间出现较大空当,本方队员切入时,控球队员传中。

第二,当本方队员插上或者包抄到位时,控球队员传中。

第三,对方守门员贸然出击,没有选择恰当的位置时,控球队员选择传中。

第四,防守队员和进攻队员同时面向球门奔跑时,控球队员可选择传中。

第五，当突破边后卫的防守后，补防的中后卫还没有及时封堵住传中路线时，控球队员可选择传中。

(2)中路渗透

后场发动进攻、中场发动进攻和前场发动进攻是中路渗透的三种常见形式。

①后场发动进攻

后场发动进攻的主要方法有：守门员发动进攻(图 8-11)和后卫发动进攻(图 8-12)。

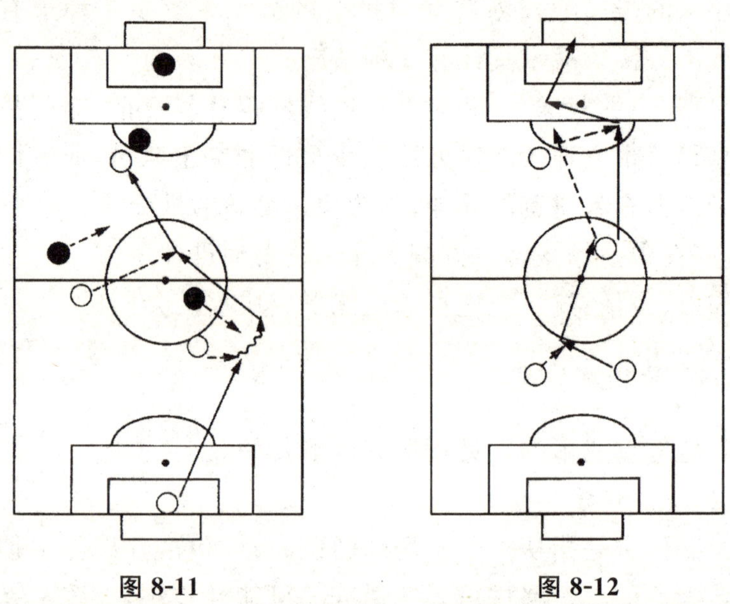

图 8-11　　　　图 8-12

②中场发动进攻

中场发动进攻是指中路渗透战术的配合主要由中场发动，组织核心的角色是前卫队员。常常采用短传配合的方法来实施中场发动进攻，并以各种二过一来摆脱对方的防守。具体打法如图 8-13、图 8-14、图 8-15 所示。

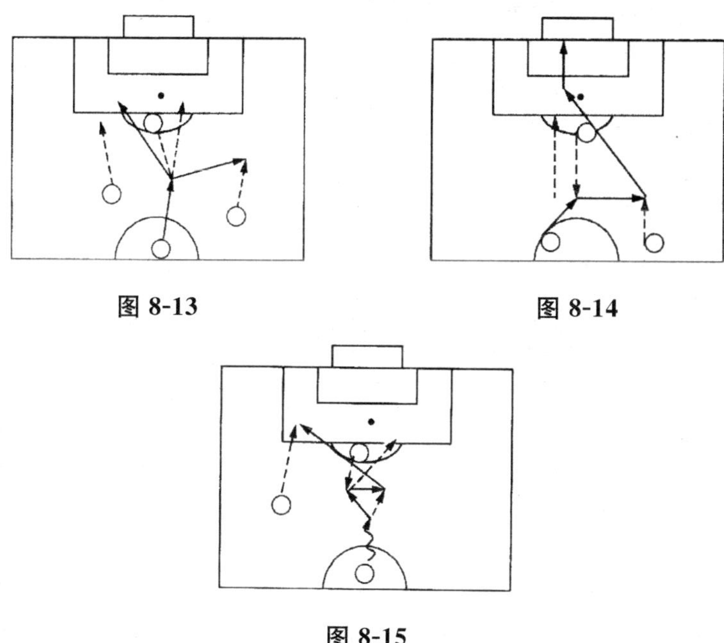

图 8-13　　图 8-14

图 8-15

③前场发动进攻

前场发动进攻时，前锋后撤并在其身后所留出的空当进行反切插入，最有效的突破对方中路密集防守的方法就是在罚球区附近做踢墙式二过一配合。

(3)中边转移

当中路渗透没有达到目的后，要及时往边路转移，以此来分散中路守方的注意力，然后通过边路突破再将进攻方向转到中路。通过中边转移可以打乱对方的防守战线，利用空当，创造破门得分的良好机会。

整体进攻时，需要注意的是切忌队员有个人冲动行为，每名运动员要有较强的集体观念。只有把握好进攻时机，队员相互之间默契配合，才能有制胜的希望。

二、足球进攻战术训练

足球运动员要想提高自身的进攻战术水平，就需要不断进行训练，训练是提高足球进攻战术水平的主要手段。因此下面重点分析足球进攻战术的训练方法。

（一）个人进攻战术训练

足球运动中，个人进攻战术有如下几种训练方法。

1. 移动接球

接应队员避开障碍物旗杆，向两边空当接同伴的传球。接球后再回传给同伴，再向另一边移动接球，以此重复练习。可定时交换练习。

2. 多人、多球的传球与接应练习

在40米×40米方块场内，进行多人、多球的同时传球与接应练习。重点是选择传球目标，观察、呼应与跑动接应。随着练习的熟练，可以增加练习用球的数量和限制触球次数。

3. 一抢二练习

在长25米、宽15米的范围内进行一人抢球，二人传控的练习，控球一方的无球队员要积极选位接应。防守者抢到球即成为控球一方，由失误的队员担任防守者。可计时交换位置重复进行练习。

4. 交叉换位

将人员分成两组，在前场进行交叉换位跑动，队员A与队员B交叉换位后接队员C的传球，再进行配合射门。

5. 第二空当跑位

接应队员A快速跑向由同伴队员B拉出的第二空当，接队员C的传球射门。

(二)局部进攻战术训练

足球局部进攻战术训练方法有以下几种。

(1)各种二对一射门练习。

(2)踢墙式二过一练习。

(3)连续斜传直插二过一练习。

(4)在罚球区前10米×10米范围内进行二过一配合射门练习。

(5)在10米×20米场地上设两个球门进行二对二防守练习，须有一人为守门员，在规定时间里相互展开攻守。

(6)回拉接应反向切入射门练习。

(7)间接二过一射门练习。

(8)半场中路进行三对二射门练习，规定最多三次传球之后必须射门。

(三)集体进攻战术训练

集体进攻战术的训练手段具体有以下两种方式。

1. 边路进攻练习

将运动员平均分为两队，可在70米×50米的场地上进行练习，但在距边线处的场地两侧另加两个6～7米宽的小球门，进攻队员必须先将球传过两侧的任何一个球门后才能射门。练习规则是运动员必须先通过边路的小球门再射入正式球门，才能得分；进攻时队员要有意识地通过配合或个人突破越过小球门，从边路组织进攻。

2. 边路传中与中路射门练习

教练员分别将球传给⑦号和⑧号，⑦号和⑧号接球后传给接应⑨号和⑩号做二过一配合，然后快速运球传中，⑨、⑩号抢点射门(图8-16)。

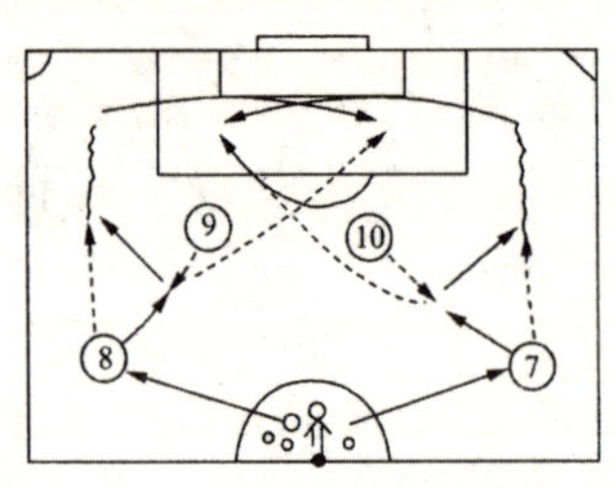

图 8-16

第三节　青少年足球运动员的防守战术训练

一、足球防守战术分析

(一)个人防守战术

个人防守战术的形式具体有如下几种。

1. 选位与盯人

选位是指防守队员在防守时选择合理的位置进行防守。一般来说,防守队员选位应站在对手与本方球门中心所构成的直线上。盯人是在选择正确的位置后,对所要防守的对手进行监控,严密控制其进攻行动。在选位与盯人时,要做到以下几点。

(1)要在进攻队员之前及时选位。

(2)所选的位置应位于进攻队员、防守队员和本方球门中点三点所成的直线上,并保持适当的距离。

(3)盯人防守是进行选位的主要目的,同时还要对球与空间情况的变化进行兼顾与考虑。

(4)所选的位置要与同伴组成纵横交错的三角或菱形网络队形。

(5)在以多防少或以少防多时,要以具体的情况和任务目的为根据灵活进行选位。

(6)在选择正确的位置后,应根据不同场区和任务,对进攻队员进行紧逼盯人或松动盯人。

2. 抢球

抢球是指将对方控制的球抢断下来或破坏掉。在运用这种战术时,要保证集体防守的稳固。抢球既是一项重要的个人技术,同时也是个人防守能力的重要标志。抢球基本要素如下。

(1)正确的站位。抢球首先要选择在持球对手与球门中点之间站位,这是对方运球突破的必由之路。

(2)合理的距离。与持球对手之间通过移动保持恰当的距离。

(3)准确的时机。在对手没有稳稳地将球接控好时,或在对手做控、运球两个触球动作时,将球抢下来或破坏掉。

抢球时需要注意几个要点:不要受对方假动作的迷惑,盲目出脚而被对方突破;抢球动作要勇猛,既抢球又卡位;抢球后衔接动作要快,及时控球发动进攻;如果抢球不成功,要快速转身及时换位回防。

3. 断球

从途中拦截对方的传球或对对方的战术行为进行破坏的行为就是断球。想要转守为攻,断球就是一种最有效最可取的战术行动。要想方设法快速反击,使对手来不及反抢。断球的要素主要包括以下两个方面。

(1)正确的判断。要准确判断持球队员与接应队员的意图,预测传球的时间和路线。

(2)合理的位置。在正确选位之后,移向有球的一侧,同时要把握好时机,在对方将球传出后,快速插向传球路线,动作要比接球队员快,这样才能顺利截断球。

采用个人防守战术时，需要注意以下几点。

(1)抢球时要站稳，动作要勇猛，抢球后迅速发动进攻。

(2)如果未能成功抢下球，要快速转身及时换位进行回防。

(3)不要紧逼盯防接球队员，适当隐蔽断球意图。这样既可以防止对手向自己身后空当传切，又可以诱使对手向自己身前的对手传球。

(4)要顾全防守全局，抢球和断球前要分析攻防全局的态势，抢球前要考虑整体防守是否稳固；以少防多时，断球一定要慎重，一旦出现失误，将造成全局的被动。

(二)局部防守战术

足球运动中，主要有如下几种局部防守方法。

1. 保护

保护是指在同伴防守对手时，自己通过选择有利的位置来协助同伴防守，防止对手突破。这样可以给正在逼抢控球队员的同伴以心理和行动上的支持，使同伴没有后顾之忧，全力进行逼抢。一旦同伴被控球队员突破，保护队员可以及时对对手的进攻线路进行封堵或夺回控球权。如果同伴夺回控球权，保护队员还可以及时接应并发动进攻。在进行保护时，要选择距离适当的斜线站位，这样可以避免对方突破一点后己方防守战线崩溃。

2. 补位

补位是指防守队员之间相互协作的防守配合行动，也是防守队员对同伴在防守中出现的过失进行弥补时所采取的战术配合。在足球运动比赛中，队员之间的相互补位能够对对方的进攻行动造成有效的破坏，从而由被动向主动转化。补位的形式主要有以下几种。

(1)队员去补空当，比如边后卫插上助攻时，就有一个同伴暂时补他的位置，以防止插上进攻失误时，对方利用这个空当进行反击。

(2)当同伴被突破之后,保护队员的补位防守要及时,要夺回球或将对方的进攻路线阻断。被突破的队员要迅速后撤,对适当的位置进行选择后履行保护队员的职责。

(3)在守门员出击时,后卫队员要及时回撤到球门线附近,弥补守门员的位置,防止守门员出击出现失误,对方突然射空门。

3. 围抢

围抢是指在防守时,两名以上的防守队员通过多方位夹击对方的控球队员,将球抢夺回来或破坏掉的战术配合。在球场中,防守队半场的两地底角和中场的边线附近是实施围抢最为有利的位置。进行围抢时要注意以下几点要求。

(1)在围抢的局部地点守方人数占有优势,而且距离比较近,思想要统一。

(2)在对方进攻推进缓慢或者局部配合过多、缺少转移进攻的时候,要迅速组织围抢。

(3)被围抢的队员还没有将球控制好时,如果附近没有接应队员,或者没有合理的传球路线时要及时进行围抢。

(4)通常要在边、角场区,在对方的身体方向和观察角度较差时或在守方门前接球、运球、射门时,坚决进行围抢封堵。

在运用局部防守战术时,需要注意以下几个事项。

(1)要保持适当的距离,进行保护和围抢。

(2)保护队员要灵活地选位和调整角度,若同伴堵内放外,保护队员选位的角度要偏向外线;若同伴堵外放内,保护队员选位角度应偏向内侧,配合同伴形成夹击之势。

(3)保护队员还可以通过语言来对同伴抢截和选位进行指挥,同时要让同伴知道自己的保护位置,使防守配合更加默契。

(4)若防守队员能够追上对手,尽量不要交换防守和进行补位。

(5)保证罚球区及附近的危险区域不出现空当。

(6)围抢时,要尽可能成功,不能有疏漏,避免对方突破而造成被动防守。

(7)要采用贴身逼抢的方式进行围抢,但要切记不可犯规,尤其是要避免在门前犯规,犯规被罚点球可能会造成不可挽回的损失。

(三)集体防守战术

集体防守战术的形式具体有以下几种。

1. 人盯人防守

人盯人防守是指在比赛中每一个防守队员都盯住一个对手,并对对手的进攻线路进行封锁,控制对手的活动和传球、控球的配合方法。这种战术的主要特点就是在全场攻守中,两两对垒的情况在每个时间和空间中都会让进攻队员始终处于压力之中。

2. 区域盯人防守

区域盯人防守是防守方根据场上队员的位置分布,每名防守队员在一个区域进行防守,在对方队员跑到本区域时,积极展开防守,对对手的进攻进行限制的配合方法。在对这种防守战术进行使用时,每个防守队员都要明确自己的任务,还要善于与同伴相互协作,若某一区域盯人防守失败时,邻近队员要及时补位,被突破的防守队员应及时与其换位,以实现有效的整体防守。

3. 混合盯人防守

混合盯人防守是指人盯人和区域防守相结合的一种防守配合方法。这种防守战术最大的特点是可以根据对手的情况,将盯人防守和区域盯人防守的优点进行充分、灵活的利用,以此来使全队防守的效益提高。采取混合盯人防守战术时,通常将体能素质好、个人作战能力强的防守队员作为人盯人防守的核心球员,其他队员则采用区域盯人防守。采用混合盯人防守战术时,防守队员要注意以下几点。

(1)丢球即抢或迅速封堵。

(2)局部紧逼,相互保护,及时补位。

(3)夹击和围抢。

(4)层层设防,保持队形。

(5)切忌在罚球区域或其附近犯规。

(6)重点盯住进攻的组织者和攻击手。

(7)制造越位。

实施整体防守战术的过程中需要对以下几方面的内容加以注意。

首先,整体防守需要每名防守队员都要具备较强的个人作战能力,特别是在使用人盯人防守战术时,对防守队员个人作战能力有着更高的要求。

其次,防守队员之间要相互协作,默契配合。在同伴出现防守失误时,邻近的防守队员要根据场上的情况,进行迅速、灵活补位,以保证整体人盯人防守的严密性。在进行区域或整体防守时,防守队员要具有整体感,不可贸然行动。

最后,每一名防守队员都要具有较强的体力素质。这是因为在全场范围内,防守队员要始终不停地奔跑和逼抢。

二、足球防守战术的训练

同足球进攻战术的提高一样,足球防守战术水平的提高也是经过不断的训练来实现的,下面就足球防守战术的训练方法进行分析。

(一)个人防守战术训练

足球个人防守战术训练方法主要有如下两种。

1. 选位与盯人

(1)选择一个 30 米×10 米练习场地,一对一攻防目标人。两名目标人仅限于在 4 米长的一段底线上活动。进攻队员试图将球传给对面的目标人，防守队员封堵传球或运球突破线路。

(2)选择一个 30 米×10 米练习场地，一对一攻防多个目标运球过球门线。练习的重点是选择与调整盯防位置，确保合理性和及时性，逼迫对手处于不利的进攻局面。

(3)无球的选位与盯人练习。2 人一组，面对面站立，相距 2 米，一攻一守，进攻队员做摆脱跑动，防守队员做选位盯人练习。进攻队员可由慢到快做各种摆脱跑动，防守队员快速移动选位，不让进攻队员跑到身后。

2. 防守与保护

(1)选择一个 10 米×30 米练习场地，传球员传球给被盯防的进攻队员，规定防守队员的任务为迫使进攻队员横向活动并阻止其到达对面的端线，2 名防守队员注意保护。练习重点是确保合理的保护距离、角度，相互呼应。

(2)选择一个 30 米×10 米练习场地，设一个球门，1 名守门员，执行越位规则，2 名队员进攻射门。任何进攻队员一旦接到传球时，一名防守队员立即快速向场内跑动防守，另一名防守队员力争延缓对方的进攻，应通过呼应来提示同伴逼抢或对其进行保护。

(二)局部防守战术训练

局部防守战术可以采取如下几种练习方式进行训练。

1. 2 对 2 练习

(1)2 对 2+1 攻防

4 名队员进行 2 对 2 攻防，攻方跑动摆脱后接“自由人”的传球，与同伴二过一或采用运球突破，创造射门机会。

(2)2 对 2+2 攻防

边线处的进攻接应队员只参与另一半场的进攻。守方在中线处设防，进攻方将球传给位于规定区线内的对方“自由人”得分，累计得分。

2.3对2或4对3练习

基本形式主要包括各种练习空间内的3对2或4对3传抢、运球过线、攻防小球门的练习。练习重点是局部的基本攻防能力。

3.4对4练习

选择一块40米×20～25米的练习场地，进行4对4攻防底线——盘带球比赛练习。练习内容包括变速与变向运控球；1对1攻防局面；盯人与选位。

(三)集体防守战术训练

足球集体防守战术常用的训练方法有以下几种。

1.5对5攻防训练

在长30米、宽60米的场地上，两边各设2个球门(共4个球门)。队员进行5对5攻防练习。要求任何一方队员控球后，靠近球的防守队员立刻紧逼，不允许有漏人现象发生。两队球员要尽量默契配合。

2.6对6攻防训练

在长50米、宽20米的场地上，两端各设一个小球门，队员进行6对6攻防练习。练习中经常会形成围抢的局面，当进攻队员在边线或球门线运球移动时，要求守方队员协同一致对其进行围抢。

3.11对11攻防训练

在半场内，设2个球门，队员进行11对11练习(包括守门员)。如果对方队员在己方后场得球，靠近球的队员立刻进行堵截，其他队员相应盯防各自的对象，将防区压缩在 30～40 米的区域内。一旦抢下球，即刻转入反攻，以提高反攻的成功率。

4. 11 对 11 比赛

在足球场地上进行分队（11 对 11）比赛（包括守门员）。攻方队员在前场 30 米处一旦丢球，要立刻快速回撤本方半场密集防守，前场仅留一两名队员进行封堵。

参考文献

[1]李晓峰.校园足球[M].合肥:合肥工业大学出版社,2015.

[2]蒋健保.现代足球[M].上海:上海交通大学出版社,2015.

[3]王民享,吴金贵.现代欧美足球训练理念与方法[M].北京:北京体育大学出版社,2006.

[4]张英波.现代体能训练方法[M].北京:北京体育大学出版社,2006.

[5]秋鸣.足球ABC青少年足球基础训练[M].北京:北京体育大学出版社,2009.

[6]王向宏.体能训练理论与方法[M].北京:北京航空航天大学出版社,2010.

[7]刘丹.足球体能训练[M].北京:北京体育大学出版社,2006.

[8]余竹生.运动员科学选材[M].上海:上海中医药大学出版社,2006.

[9]刘桦楠.青少年校园足球理论与实践[M].长春:东北师范大学出版社,2014.

[10]徐俊.中小学校园足球教学指南[M].宁波:宁波出版社,2014.

[11]高杰.西安市中小学校园足球联赛开展现状及影响因素的研究[D].西安体育学院,2012.

[12]刘建.北京市初中校园足球联赛开展现状研究及影响因素分析[D].北京体育大学,2011.

[13]李继霞.全国青少年校园足球活动发展战略研究[D].上海体育学院,2012.

[14]廉金明.山东省小学校园足球联赛开展现状及推广策略研究[D].聊城大学,2014.

[15]孙文新,侯会生.现代女子足球科学化训练理论与实践[M].北京:北京体育大学出版社,2009.

[16]邱鹏卓.延边州青少年足球训练的现状调查与分析[D].吉林体育学院,2014.

[17]王光磊.浅议青少年足球训练存在的问题与解决途径[J].当代体育科技,2015(03).

[18]刘丹,赵刚.青少年足球训练纲要与教法指导[M].北京:人民体育出版社,2011.

[19]封飞虎,凌波.运动生理学[M].武汉:华中科技大学出版社,2014.

[20]汤信明.足球运动教学与训练[M].武汉:华中科技大学出版社,2012.

[21]张岳,李新荣,娄春风.初高级足球重点技战术解析[M].北京:中国商务出版社,2008.

[22]朱宏庆.足球技战术分级教学研究[M].济南:山东大学出版社,2010.

[23]赵文娟,向政,李国立.大球运动技战术分析与训练方法[M].北京:中国商务出版社,2009.

[24]中国足球协会审定.中国青少年儿童足球训练大纲试行[M].北京:人民体育出版社,2013.

[25]何志林.足球教学训练工作指南[M].北京:人民体育出版社,2010.

[26]张扬.中日两国职业足球联赛运行机制的比较研究[D].山东师范大学,2013.

[27]浦义俊.我国足球商业赛发展分析[J].体育文化导刊,2014(05).

[28]毛志雄,迟立忠.运动心理学[M].北京:中国人民大学出版社,2015.

[29]李明,曹勇.体育运动心理训练理论与实践[M].武汉:中国地质大学出版社,2015.

[30]张忠秋.竞技运动心理训练与心理调控方法[M].北京:人民体育出版社,2014.